Giulia Castelli Gattinara

111 Orte in den Dolomiten, die man gesehen haben muss

Mit Fotografien von Mario Verin

111

Aus dem Italienischen übersetzt von Jan Heberlein

emons:

Bibliografische Information der Deutschen Nationalbibliothek
Die Deutsche Nationalbibliothek verzeichnet diese Publikation in der Deutschen Nationalbibliografie; detaillierte bibliografische Daten sind im Internet über http://dnb.d-nb.de abrufbar.

MIX
Papier | Fördert gute Waldnutzung
FSC® C083411
FSC www.fsc.org

Fotografien: © Mario Verin, außer:
Ort 14: © Pentaphoto/A.P.T. Madonna di Campiglio; Ort 34: © Sandro Neri; Ort 47: © Gianluigi Zeni; Ort 66 oben: © Maria Grazia Filpa, unten: © Archivio Toni Valeruz; Ort 105: © Archiv Hotel Sonnenburg
Covericon: © shutterstock.com/Pyt
Gestaltung: Anja Sauerland, nach einem Konzept von Lübbeke | Naumann | Thoben
Deutsche Fassung: Jan Heberlein
Lektorat: Julia Lorenzer
Kartografie: altancicek.design, www.altancicek.de
Kartenbasisinformationen aus Openstreetmap, © OpenStreetMap-Mitwirkende, ODbL
Druck und Bindung: CPI – Clausen & Bosse, Leck
Printed in Germany 2023
ISBN 978-3-7408-1972-9

Vorwort

Kennen wir die Dolomiten abseits der Klischees wirklich? Zehn Jahre nach ihrer Aufnahme in das UNESCO-Weltkulturerbe ist es an der Zeit, Ihnen 111 Orte in den Dolomiten samt ihrer Geschichten und Persönlichkeiten vorzustellen, die zeigen, wie vielschichtig diese Region ist.

Wussten Sie zum Beispiel, dass sich in Moena ein türkisches Viertel befindet und dort heute noch die Mädchen den Sultan um Einwilligung in ihre Heirat bitten müssen? Dass sich der Jäger Valmo auf dem Gipfel des Passo di Giau bereits vor 7.500 Jahren mit Bienenharz kurierte und sich inmitten dieser Gipfel eine »Barchessa« befindet? Auf den folgenden Seiten begegnen wir Menschen wie dem Bildhauer Mauro Corona in seiner Berghütte in Val Zemola und besuchen das Puppenatelier von Judith Sotriffer in St. Ulrich in Gröden. Wir folgen dem Kunstpfad der Unika-Rebellen und reisen zum Museum des Architektur-Stars Zaha Hadid auf dem Gipfel des Kronplatzes.

Um die Dolomiten ranken sich zahlreiche Legenden, die nicht nur von Elfen und Hexen handeln, sondern auch von mutigen Frauen und Männern. Dazu gehören tapfere, allzu oft übersehene Alpinistinnen wie Paula Steger oder Antonia Verocai, die erste Kriegs-Pressefotografin, oder Gipfelstürmer wie Tita Piaz, der »Teufel der Dolomiten«, und junge Wilde wie Cesare Maestri, die alteingesessene Bergführer mit ihren Free Solos entlang des Bergführerwegs am Crozzon di Brenta herausfordern, um die Jury zu beeindrucken.

Auch die Kunst, das Handwerk und die in der Region verwurzelten Traditionen verkörpern das harmonische Zusammenleben von Mensch und Natur. Nachdem uns der Soldat Franz vom Ersten Weltkrieg erzählt hat, lassen wir uns den ausgezeichneten Wein von Sergio Valentini schmecken, einem der wenigen Menschen auf der Welt, die die Seven Summits – die höchsten Gipfel aller Kontinente – erklommen haben, aber das Tal von Canazei immer im Herzen tragen.

111 Orte

1 Die Wiege des Brillenbaus

Wie Agordo zum Mekka der Sehhilfen wurde

Das Cadore-Tal ist heute vor allem für einen Brillenhersteller weltbekannt: Luxottica. Den Vorgänger des 1961 am Fuß der Belluneser Dolomiten eröffneten Unternehmens mit dem ersten modernen Optiklabor bauten die Brüder Frescura zusammen mit Giovanni Lozza bereits in den 1940er Jahren in Calalzo di Cadore auf. Fachkräfte gab es in Calalzo bereits zuhauf, etwa die Firma Safilo, die Guglielmo Tabacchi, ein aus New York stammender Unternehmer, ebenso besaß wie die Firma Carniel, die 1878 gegründet wurde und als Pionierin auf dem Gebiet der Brillenherstellung angesehen werden kann.

Anlässlich der Olympischen Winterspiele in Cortina 1956 beschloss Tabacchi, in Pieve di Cadore, wo sich heute noch das einzige Brillenmuseum Italiens befindet, die erste Ausstellung zur »Brillenmode im Lauf der Jahrhunderte« abzuhalten. Sehhilfen gegen Altersweitsichtigkeit sind bereits im späten Mittelalter in Venedig bezeugt, wie ein zeitgenössisches Gemälde dort illustriert. Ein kurioses Fernrohr aus Karton aus dem 17. Jahrhundert ist in der Kollektion Luxottica in den ehemaligen Ställen der Villa Crotta zu sehen. Hier, inmitten der kostbaren Sammlung des Museums mit Artefakten aus Gold, Schildpatt und Elfenbein, wird auch der Wandel im Umgang mit Brillen illustriert, die man früher als Eingeständnis eines Defekts schamhaft im Griff eines Spazierstocks oder in den Falten eines Fächers verbarg, bis sie in den Blütejahren Hollywoods zu Statussymbolen wurden, die man in immer extravaganteren Formen zur Schau stellte. Wer erinnert sich nicht an die Schmetterlingsbrillen der 1950er Jahre oder die herzförmigen Brillengläser von Stanley Kubricks Lolita?

Die Schaukästen mit Brillen von Kaiser Franz Joseph, dem Grafen Cavour und Elton John zeigen auch, dass es fünf Jahrhunderte dauerte, bis so etwas Banales wie der Brillenbügel erfunden war und man beim Tragen endlich freie Hand hatte!

Adresse Villa Crotta-De Manzoni, Corso Patrioti 3, 32021 Agordo (BL), www.luxottica.com | **Anfahrt** Bus 3 Belluno–Agordo (www.dolomitibus.it) | **Öffnungszeiten** Privatsammlung des Luxottica-Museums: Mo–Fr 9 – 17 Uhr, nur nach Voranmeldung unter Tel. +39/0437/6441 | **Tipp** Das Museo dell'Occhiale von Pieve di Cadore ist das einzige seiner Art in Italien und bietet einen historischen Rundgang zur Geschichte der Optik (Via Arsenale 15, Tel. +39/0435/32953, www.museodellocchiale.it).

2 Die Cadini del Brentòn

Die Riesenkolken

In der steilen, vom Gebirgsbach Brentòn gegrabenen Schlucht stürzt das Wasser rauschend talwärts, um von der türkisblauen Fläche des Mis-Sees beruhigt zu werden, einer geheimnisvollen Mulde im Herzen der Belluneser Dolomiten, eingerahmt von den faszinierenden und kaum erforschten Monti del Sole.

Der Stausee wurde 1972 angelegt, nachdem die Gegend im Zuge der verheerenden Überschwemmung von 1966 verlassen worden war. Das unbewohnte sattgrüne Tal besitzt keinerlei Infrastruktur, Skiliftanlagen oder Berghütten, nicht einmal Almen, und ist immer noch eine »Wilderness« für Abenteuerlustige, eine Rarität in den Dolomiten, wo die Veränderung der Gebirgslandschaft durch die Menschen zuweilen schwer zu ertragende Ausmaße erreicht hat. Man erreicht den Ort über die einzige Straße zwischen Sospirolo und Agordino, die malerisch durch eine Schlucht führt und mit dem Besucherzentrum des Parks der Belluneser Dolomiten den einzigen Hinweis auf Tourismus liefert.

Das Zentrum dient dem Schutz der Cadini del Brentòn vor Badegästen, die – wie soll man es ihnen verübeln – von diesem in den Stein gemeißelten Paradies unwiderstehlich angezogen werden. Die Einheimischen erfrischten sich hier im Sommer im Wasser des Flusses und an den Steinrutschen, die die 15 Wasserbecken *(cadini)* verbinden, die an eine riesenhafte Freitreppe erinnern und in denen die Strudel des Gebirgsbachs wie in einem Tanz herumwirbeln. Viele Umstände haben die Entstehung der Becken befördert: vom Wildbach mitgespülter Kies, der durch die Neigung der Terrassen zum Berg hin erhöhte Wasserdruck, das den Kalkstein korrodierende saure Wasser, das, in die Spalten des Dolomits einsickernd, die weichsten Schichten abgetragen hat. In den auf diese Weise perfekt polierten grünen Kolken spiegelt sich die dichte und urwüchsige Vegetation ringsherum.

Allein die Stege zeugen von der menschlichen Präsenz in diesem unberührten, einsamen Winkel der Dolomiten.

Adresse Cadini del Brentòn, SP 2 del Mis, 32037 Gena (BL) | **Anfahrt** Die Cadini können als Teil eines Rundgangs erkundet werden. Dieser beginnt 400 Meter vom Besucherzentrum entfernt und ist an der Provinzstraße SP 2 an den Ausläufern des Sees gut ausgeschildert (von Sospirolo kommend) | **Tipp** Jenseits der Brücke, in der Nähe von Gena, liegt der zwölf Meter hohe Soffia-Wasserfall, der auch ein beeindruckendes Becken geformt hat.

3 Der Baumflüsterer

Augusto Murer

Manchmal braucht man neben Genie auch ein wenig Glück. Augusto Murer wurde es zuteil, als er nach Abschluss der Kunstschule von St. Ulrich und viel eingeatmetem Holzstaub die Akademie in Venedig besuchte. Dort traf er den Bildhauer Arturo Martini, der das Talent des jungen, mittellosen Mannes erkannte und ihn in seiner Werkstatt aufnahm. Inzwischen wurde das Werkstatt-Atelier von Falcade von Murers Kindern in ein Museum umgewandelt, getreu dem Credo des Bildhauers, Kunst müsse für alle da sein.

Am Eingang steht die »Mutterschaft« von 1970, eine mächtige, sinnliche, voluminöse Skulptur, die die ganze Menschlichkeit und Energie dieses Künstlers mit den schwieligen Händen verströmt, der zu außerordentlicher Ausdrucksfähigkeit befähigt und technisch sehr beschlagen war. Augusto sprach mit seinen Bäumen und legte mit dem Meißel das Innenleben des Holzes frei. So berichtete er einmal, lange Zeit eine Esche befragt zu haben, in deren Umrissen er bereits die Umarmung des Sohnes mit der Mutter erblickt habe. Man kann sich gut vorstellen, wie er durch die Wälder hinter dem Haus wanderte und dabei mit den Bäumen sprach. Er stand in einer Beziehung zur Natur, die der seines teuren Freundes, des Schriftstellers Mario Rigoni Stern, ähnlich war. Murer hat Stern die Skulptur »Der Schneegänger« gewidmet, die aus dem Stamm eines alten Olivenbaums gehauen wurde. Den hinteren Teil der Skulptur hat Murer unbearbeitet gelassen, damit die Pflanze zu ihren Betrachtern »sprechen« kann.

Alles im Atelier sei so geblieben, wie Murer es verlassen habe, erzählt Tochter Ornelia: »Wir haben nur die Späne weggekehrt.« Diesen abgeschiedenen Ort zwischen den Bergen suchten einst Künstler, Literaten und Dichter auf, die manchmal auch selbst etwas hinterließen. So hängen an den Wänden Werke von Guttuso, De Chirico und sogar Picasso! Murer selbst sagte: »Ich glaube an das Kunstwerk, das lebt – mit den Menschen und für die Menschen.«

Adresse Via Scola 34, Località Molino, 32020 Falcade (BL), Tel. +39/0437/599059, www.museomurer.it | **Anfahrt** Bus 2 von Belluno (www.dolomitibus.it) | **Öffnungszeiten** 23. Juni–10. Sept. 10–12 und 15–19 Uhr und nach Vereinbarung per E-Mail an info@museomurer.it | **Tipp** In Canale d'Agordo gibt es einen Kreuzweg mit Bronzefliesen von Franco Murer, dem Sohn von Augusto.

4 Die Geheimsprache

… des Stuhlmachers von Gosaldo

Wie wichtig ist ein Stuhl? Sehr wichtig, vor allem in Gosaldo, wo der Beruf des Stuhlmachers vielen Bewohnern ein auskömmliches Leben beschert hat. Nicht zuletzt findet man hier in den Wäldern den Rohstoff – Holz –, um daraus Stühle herzustellen und zu verkaufen, auch wenn man dafür saisonweise in die Städte der Ebene ziehen musste.

Der Stuhl ist sicherlich das Möbelstück, das am universellsten einsetzbar ist und auf das kein Haushalt verzichten kann. Der Beruf des *caregheta* (oder *kontha* im Dialekt) hat seinen Ursprung vermutlich im 16. Jahrhundert und war eine Alternative zur ermüdenden und gefährlichen Arbeit der Bergleute im Agordina-Becken. Er hatte den Vorteil, dass er von allen ausgeübt werden konnte, sogar von Kindern, die sehr früh die Kunst des Bespannens erlernten, oder von anderweitig Beschäftigten im Nebenberuf. In der zweiten Hälfte des 19. Jahrhunderts stellten viele Bergwerke ihren Betrieb ein, sodass die Stuhlherstellung für viele zum Hauptberuf wurde. Heute erinnert an der Piazza von Gosaldo ein Denkmal an diese »Begabung, die Kunst war«.

Das Talent eines *kontha* drückte sich vor allem in den Steckverbindungen aus, mit denen man Nägel sparte, sowie im meisterhaften Umgang mit verschiedenen Holzsorten, die dem Produkt mehr Stabilität verliehen. Angesichts der zunehmenden, oft als Ausgrenzung empfundenen Abwanderung nach Frankreich und in die Schweiz, wo die Dienste der Handwerker aus Agordo besonders begehrt waren, erfanden die Stuhlmacher aus der Nachbargemeinde Tiser zum Schutz ihrer Berufsgeheimnisse einen eigenen Wortschatz, der sich bald unter allen *konthe* verbreitete. Eine verschlüsselte Sprache namens *scapelament*, die Uneingeweihten unverständlich ist und während der österreichischen Herrschaft über Venetien im 19. Jahrhundert überdies den Patrioten und später auch den Partisanen zugutekam. Heute hilft ein Wörterbuch bei ihrer Entschlüsselung.

Adresse Piazza della Chiesa, 32020 Gosaldo (BL) | **Anfahrt** Bus 5 von Agordo (www.dolomitibus.it) | **Tipp** In der Via Roma 1 in Gosaldo gibt es ein kleines, aber feines ethnologisches Museum zur Geschichte der Stuhlmacher des Mis-Hochtals (geöffnet nach Voranmeldung unter Tel. +39/0437/68288, prolocogosaldo@gmail.com). Ein weiteres befindet sich in Tos, einem Ortsteil von Rivamonte Agordino, in den Räumlichkeiten der Grundschule (Tel. +39/0437/69304, clubunescoagordino@libero.it).

5__Knödel und Cajoncie

Guter Geschmack nicht nur in der Küche

Schlappe 45 Minuten sind es zu Fuß vom Passo San Pellegrino zu den leckeren *cajoncie* des Rifugio Fuciade. Wo die Sennhütten und Heuschober wie in einer bukolischen Krippe zusammenfinden, liegt dieses herzliche, familiäre und dabei angenehm unaufgeregte Haus, in das uns Besitzer Sergio Rossi jetzt bittet.

Jedes Türchen, jede Treppe führt in Räume, die wunderbar nach Fichte riechen und die alle ihren eigenen Charme haben. Tiroler Möbel, bemalte Türen, Sitztruhen und Geschirrschränke – nicht einen Winkel gibt es hier, der nicht aus Holz ist. Um mehr Platz zu schaffen, musste Sergio acht Meter tief in die Erde graben. Dort hat er einen Weinkeller mit 600 edlen Tropfen angelegt, den man durch Glaselemente im Boden einsehen kann. Seine Einrichtung stammt aus einem alten Heuspeicher im Sellajoch, an der Tür prangt die Jahreszahl 1475.

Die Stube aus dem 18. Jahrhundert (nicht die einzige übrigens) wurde einem Haus im Nonstal entnommen und ebenso windschief eingebaut, wie sie dort war. Überall an den Wänden und oberhalb der Regale tummeln sich Antiquitäten, die Sergio aufgespürt hat. Seit er den Kochlöffel an Sohn Martino übergeben hat, hat er mehr Zeit, sein Hobby auszuleben und auf die Suche zu gehen. Gegenüber dem Schanktresen hängen als Beweise für sein hervorragendes Gespür zwei seltene Werke des Bildhauers Adolf Vallazza aus den 1970er Jahren, die – um beim Thema zu bleiben – natürlich Schankszenen darstellen.

Dazu gibt es noch einen Tiroler Lüster zu bestaunen, der je nach Blickwinkel eine Sirene, eine Wirtin oder einen Bauern zeigt, während der Schlitten, der früher die Gäste zum Passo San Pellegrino brachte, heute ein Tisch geworden ist.

Auch beim Genuss der mit Birnen und Trockenfeigen gefüllten *cajoncie* und anderer köstlicher ladinischer Spezialitäten fällt es schwer, den Blick nicht ständig schweifen zu lassen.

Adresse Località Fuciade, Passo San Pellegrino, 38030 Soraga (TN), Tel. +39/0462/574281, www.fuciade.it | **Anfahrt** Bus 123 Moena–Falcade (www.ttesercizio.it/extraurbano) | **Öffnungszeiten** Restaurant und Berghütte (8 Zimmer) ganzjährig außer Mitte Okt.–Ende Nov.; Reservierung empfohlen | **Tipp** Sergio Rossi hat auch eine Kunstgalerie in Canazei eröffnet: Tan Art in der Strada Roma 66.

6 Die Birnen von Sagron

Die Suche nach der verlorenen Frucht

Inmitten der Cimonega- und der Palagruppe eingebettet, sind Gosaldo und Sagron Mis ländliche Transitorte auf dem Weg von Agordino ins Primör. Am südlichen Ufer, das steil zum darunter liegenden Fluss abfällt, finden sich kleine Siedlungen mit Bauernhäusern, die größtenteils verlassen sind.

Zu jedem Garten dieser Täler gehört ein Birnbaum. Es sind sehr alte Pflanzen, die wichtig für die Identität des Hochtals von Mis sind. Alles begann mit der Leidenschaft von Maurizio, dem Umwelttechniker im Naturpark und Gründer des Laboratorio Sagròn Mis, der den Geist des traditionell am 8. September gefeierten Birnenfests »Sagra delle Pere« wiederbelebt hat. Schriftliche Zeugnisse für dieses Fest gibt es bereits aus dem 18. Jahrhundert, aber ihm war mit der Zeit nicht nur der Geist abhandengekommen, sondern auch die Hauptfigur: die Birne!

Im Jahr 2011 startete der Park ein Projekt, um die traditionellen Sorten zu bewahren. Maurizio macht sie wie ein Sherlock Holmes im Frühling ausfindig, wenn sich die ältesten Pflanzen an ihren weißen Blüten gut erkennen lassen. Ob monumentale Exemplare oder mickrige Bäumchen, das kräftige Laubwerk in den Weilern unterhalb von Gosaldo und Mis, wo die Böden stärker abfallen und die Birnen eine Nahrungsreserve darstellen, zeugt vom Sortenreichtum der hiesigen Früchte: Früh- und spätreife, hässliche, schöne, herrlich süße wie die *žucherin* oder harte wie die in der Küche gefragte *regina*, die nie reif ist und den ganzen Winter am Baum bleibt, sind darunter. Pflanzen, die mehr als 20 Meter hoch werden können, erzählen an nicht mehr begangenen Wegen die Geschichte dieser heute vergessenen menschengemachten Landschaft. Wie die seltene Birnensorte *mažuch* im Weiler Bezzoi oder der Birnbaum der Sorte *botìro* von Cesare in Titèle, der inmitten des Platzes das Ein- und Ausparken erschwert. Es sind bewegende Geschichten von der Arbeit und der Liebe der Menschen zu ihrem Grund und Boden.

Adresse Sagron, 38050 Sagron Mis (TN) | **Anfahrt** Bus Primiero–Mis (www.ttesercizio.it) | **Öffnungszeiten** Sagra delle Pere am 8. Sept., Infos auf www.prolocosagronmis.it und www.laboratoriosagronmis.blogspot.com | **Tipp** Im Weiler Bezzoi, nur ein paar Autominuten entfernt, steht der große Birnbaum der Sorte *mažuch* vor dem letzten Haus am Ende des Dorfes. Wenn man die Augen offen hält, sieht man weitere Exemplare in der Umgebung.

7 Willkommen in Kalifornien

Der Goldrausch am Mis

Es war zwar kein Gold, sondern Quecksilber, aber den Rausch gab es wirklich. Das Bergwerk von Vallalta im Mis-Tal bescherte Mitte des 19. Jahrhunderts 150 Familien ein Auskommen. An den Ufern des Flusses entstand ein ganzes Dorf mit Einrichtungen für Touristen und einer Osteria mit dem Namen »Alla California«, die auf den Goldrausch des amerikanischen Westens Bezug nimmt.

Die erste schriftliche Abbaukonzession wurde 1740 erteilt. Allerdings weisen Spuren von Kupferverhüttung aus dem 16. Jahrhundert sowie in der Nähe aufgefundenes Geschirr und eine Münze aus dem späten 15. Jahrhundert darauf hin, dass die erste Bergwerkstätigkeit sehr viel älteren Datums ist.

Der breite Einsatz von Quecksilber in der Industrie – zur Herstellung von Arzneimitteln und Barometern, zur Förderung von Gold und in der Rüstungsindustrie – machte dieses Metall sehr kostbar. Gemessen an der geförderten Menge hatte Vallalta damals die sechstgrößten Lagervorkommen Europas. Heute zeugen nur noch Ruinen vom damaligen Quecksilberrausch. Halb verborgen zwischen Bäumen kann man noch die Schmelzöfen, die Unterkünfte der Bergarbeiter und die Destillationsanlagen ausmachen.

An der Stelle, wo der Bergbach Pezzèa den Fluss Mis kreuzt, befinden sich die Eingänge zu den beiden Tunneln, von denen einer nach Venetien führt, der andere in ein Gebiet, das zu Österreich gehörte, als der Fluss die Grenze bildete. Rund um das Abbaugebiet ist der Boden noch vom Zinnober rot gefärbt, dessen Pigment, hierzulande *vermiglione* genannt, für die Färberindustrie verwendet wurde.

Den seit 1963 verlassenen Ort erreicht man über einen Weg, den die benachbarten Naturparks – Paneveggio und die Belluneser Dolomiten – halbwegs instand halten, auch ein paar Informationstafeln sind aufgestellt. Immer noch zu wenig für diesen faszinierenden Machu Picchu eines gar nicht so fernen Industriezeitalters, der im Dickicht verborgen liegt.

Adresse Frazione California, Bezzoi, 32020 Gosaldo (BL) | **Anfahrt** kurz nach der Kapelle Madonna di Caravaggio parken (Via di Caravaggio, Ortsteil Marcoi) und in 15 Minuten zu Fuß zum Fluss hinuntergehen (Miniere di Vallalta); alternativer Zugang über die SP2 Valle del Mis im Ort Titèle, über die Brücke und auf der Schotterstraße zum Weiler Pattine, Villaggio California am Platz ausgeschildert, von dort noch 5 Minuten | **Tipp** Die Kapelle Madonna di Caravaggio von Marcoi nimmt Bezug auf den sehr verbreiteten Kult der in Caravaggio, einem Ort in der Nähe von Bergamo, erschienenen Jungfrau. Die Stühle in ihrem Inneren wurden von den Tischlern von Gosaldo hergestellt.

8 Das Civetta-Panorama

Das Gefühl des Erhabenen

Auf der Straße des Colle Santa Lucia gibt es einen Aussichtspunkt mit überwältigendem Panorama. Vier Sitzbänke stehen bereit, um den Sonnenuntergang an der Civetta zu bewundern. Die sich hier dem Betrachter öffnende Westwand des Berges scheint wie ein großer Vogel die Flügel auszubreiten und seinen Bauch zu präsentieren. Ihre Silhouette füllt den Horizont ganz aus, während die Sonne die Felsen entflammen lässt und ihre langen Schatten die Türme wie Orgelpfeifen an den zwei Seiten des Hängegletschers zum Ausdruck bringt. Kleine Kräuselungen sind sichtbar, die sich von Nahem als gigantische Spalten, Felsbänder, Dächer und Felsvorsprünge erweisen, die über 1.000 Meter in die Höhe ragen. Emil Solleder und Gustav Lettenbauer bewiesen großen Mut, als sie im Sommer 1925 die Wand erstiegen und damit die erste Kletterroute des sechsten Grades in den Dolomiten eröffneten.

Heute gibt es wohl keine Ansichtskarte der Dolomiten, die ohne diesen Anblick auskommt. Solche Landschaften inspirierten die »Poetik des Erhabenen«, die romantische Verherrlichung des Schönen gegenüber der unheimlichen und dramatischen Macht der Natur, verkörpert im Gebirge. John Ruskin, der britische Kunsthistoriker und Künstler, beschrieb das Gefühl des Erhabenen bei einem Aufenthalt in Venedig so: »Als ich eines Abends am Lido spazierte, von wo aus man die in Silberwolken gesprenkelten Bergketten der Alpen über der Fassade des Dogenpalastes erblickt, erfüllten mich das Gebirge und der Palast mit derselben Ehrfurcht.«

Ab Mitte des 19. Jahrhunderts gehörte das Betrachten der Gipfel zur existenziellen Erfahrung, zum Verlangen, das Geheimnis hinter dem »Alpinismus« zu verstehen. Junge Angehörige der europäischen Elite legten nach der Betrachtung der Aquarelle der Civetta von Josiah Gilbert im Buch »The Dolomite Mountains« (1864) immer öfter auch einen Umweg zu den Dolomiten ein, um sie mit eigenen Augen zu sehen. Heute reicht dafür ein Handy.

Adresse SP251, Ortsteil Belvedere, 32020 Colle Santa Lucia (BL) | Anfahrt Bus 10 Venezia–Longarone–Caprile, im Sommer Bus 2, 3, 4, im Winter Skibus (www.dolomitibus.it) | Tipp Der beste Platz, um die großartige Westwand der Civetta zu bestaunen, ist der Lago Coldai (1,5 Stunden von Alleghe: Bergbahn Col dei Baldi, dann Wanderweg 561 nach Malga Pioda und 556 zum Rifugio A. Sonino Al Coldai).

9__Der Friedhof mit Aussicht

Auch kühles Bier verzaubert

Die alten Gebirgsfriedhöfe befinden sich zuweilen in atemberaubenden Lagen. Vielleicht liegt das daran, dass die Pfarren für gewöhnlich gut sichtbar auf Anhöhen gebaut wurden, um die Gläubigen zum Gebet zu rufen. Der gegenüber dem Monte Pelmo errichtete Friedhof von Colle Santa Lucia ist ein klassisches Beispiel dafür. Es bedurfte der Empfindsamkeit eines englischen Malers wie William Douglas Freshfield, um die ihn noch heute umgebende idyllische Landschaft abzubilden.

Auf einer Reise von Agordo nach Innichen im Jahr 1865, von der Freshfield in seinem Buch »Ten Days in the Mountains of Venetia« berichtet, gelangte er zusammen mit dem Bergsteiger Lord Francis Fox Tuckett auf den Colle Santa Lucia. Während des langen, im Mai in Venedig begonnenen Ritts über die Alpen überquerten Tuckett und Freshfield die Palagruppe und bestiegen als zweite Expedition überhaupt den Gipfel der Marmolata, wo sie das im Vorjahr von Paul Grohmann aufgestellte Steinmännchen wiederfanden, das »100 Fuß« unterhalb der Punta Penia gut sichtbar war. »Dort konnten wir den Ausblick ganz nach Belieben in alle Richtungen genießen«, und das war wohl bei einer Höhe von 3.000 Meter nicht übertrieben! Damals waren die Ostdolomiten noch wenig erforscht. Das Erscheinen des ersten illustrierten Buches »The Dolomite Mountains« von Josiah Gilbert und George Cheetham Churchill hatte die Neugier bei den Engländern geweckt.

Als die Gruppe am Colle Santa Lucia ankam, tranken die nach dem Aufstieg durstigen Bergsteiger ein »frisch gezapftes, schaumiges Bier« in einem Etablissement, das halb Gasthof, halb Laden war. In seinem Tagebuch hält sich Freshfield mehr mit dem Getränk als mit der Beschreibung der zauberhaften Landschaft auf. Das Bier hat den Genuss des spektakulären Sonnenuntergangs über dem »thronenden« Pelmo, den man vom Aussichtspunkt des kleinen Friedhofs im Blick hat, offenbar noch gesteigert.

Adresse Chiesa di Colle Santa Lucia, Via Villagrande, 32020 Colle Santa Lucia (BL) | **Anfahrt** Bus 10 Venezia–Longarone–Caprile, im Sommer Bus 2, 3, 4, im Winter Skibus (www.dolomitibus.it) | **Tipp** Auf dem Weg zur Kirche kommt man beim ladinischen Kulturinstitut »Cesa de Jan« vorbei. Im Sommer organisiert das Institut Besichtigungen der historischen Bergwerke des Fursil, die auf die Zeit Friedrich Barbarossas zurückgehen und acht Jahrhunderte lang ein wichtiger Wirtschaftsfaktor an der Strada della Vena nach Brixen waren.

10 Das 3-Tre-Rennen

Das Ski-Ass im Hintergrund

Sie ist *die* Piste des Alpinen Skiweltcups, und ihre Anfänge markieren die Rennen »3-Tre« – drei Skiwettkämpfe an drei Orten des Trentino, die 1957 erstmals hier ausgetragen wurden. Heute kennt man sie als die Skislalom-Abfahrt, auf der Alberto Tomba seine erste Medaille gewann und wo vor ihm Champions wie Gustav Thöni, Piero Gros und Ingemar Stenmark reüssierten. Aber wer weiß schon, dass die erste Abfahrt 1940 vom Bergführer Detassis gestaltet wurde? Den hervorragenden Kletterer, der stets eine Pfeife im Mund hatte, kennen Alpinisten vor allem wegen seiner Erschließung verwegener Kletterrouten in der Brentagruppe, aber in der Skiwelt ist er nahezu unbekannt. Heute zählt die Piste aufgrund ihrer technischen Merkmale und der vielen Neigungswechsel zu den schwierigsten des Skiweltcups, der am Canalone Miramonti seinen Abschluss findet.

Aber noch jemand aus Detassis' Familie verstand sich aufs Skifahren: Nella, ein junge, gebildete Triestinerin, die es im Schwimmsport zu Medaillen gebracht hatte und einer Leidenschaft für den Wintersport nachhing. Sie lernte Detassis 1934 auf den Hängen von Sestrière kennen und wurde bald darauf seine Frau. Nella machte ihren Skilehrerschein und trat als italienische Meisterin der Nationalmannschaft bei. 1939, ein Jahr vor der Eröffnung des Canale Miramonti, zog sie nach Madonna di Campiglio, sodass man davon ausgehen kann, dass die Empfehlungen der damals 30-Jährigen in die Konstruktion eingeflossen sind.

Der »Miramonti-Kanal« erwies sich als ideal für alle Alpinski-Disziplinen: 470 Meter lang – die gesamte Strecke misst 2,7 Kilometer – bei 180 Metern Höhenunterschied und einer durchschnittlichen Neigung von 27 Prozent. Problematisch ist allein die Zieleinfahrt, da die Fahrer am Ende mit 35 Stundenkilometern direkt zwischen den Häusern von Madonna di Campiglio landen. Aber die ruhmreiche Strecke der »3-Tre« kann nicht umziehen, der ganze Ort würde dagegen Sturm laufen …

Adresse Stadio Slalom Miramonti, Via Cima Tosa, 38086 Madonna di Campiglio (TN), campigliodolomiti.it | **Anfahrt** Bus 231 von Trento (www.ttesercizio.it/extraurbano), für die Abfahrt »3-Tre« und den Canalone Miramonti die Sesselbahn Patascoss oder die Seilbahn 5 Laghi nutzen (www.funiviecampiglio.it) | **Tipp** Die »Direttissima dello Spinale« ist eine der berühmtesten schwarzen Pisten der Dolomiten. Der Steilhang hat zu Beginn eine Neigung von 70 Prozent und ein phantastisches Panorama. Hier befindet sich einer der ältesten Skilifte Italiens (1937).

11 Der Crozzon di Brenta

Das Genie des Cesare Maestri

Man muss zur Brentei-Hütte hinaufsteigen, um die Aktion von Cesare Maestri gegenüber den Prüfern zu würdigen, die damals argwöhnisch über seine Eignung zum Bergführer urteilten. Sie trauten diesem 23-jährigen Jungspund nicht über den Weg, einem Sohn fahrender Schausteller (die Mutter starb, als er sieben Jahre alt war), der plötzlich einen Hang zum Klettern entwickelte. Er hatte im Vorjahr im Alleingang den Detassis-Giordani-Steig am Croz dell'Altissimo bestiegen, dessen Namensgeber Bruno Detassis nun sogar Mitglied des Prüfungsgremiums war.

Am 1. August 1953 fand am Rifugio Brentei der alljährliche Bergführerkurs statt. Alle Größen des Metiers waren da, darunter Riccardo Cassin – die perfekte Bühne also für einen ehrgeizigen Kletterer wie Maestri, der, verärgert über die »Bräsigkeit« der Juroren, diesen kurzerhand mitteilte, dass er den Termin an der Hütte auf seine Weise wahrnehmen würde.

Frühmorgens schlug er den Normalweg am Crozzon di Brenta ein und startete vom Gipfel aus mit dem Abstieg an der schwindelerregenden, 800 Meter tiefen Wand! Wo die Steilwand beginnt, entledigte sich Maestri seines Seils und ließ es – sich der entgeisterten Blicke der Führer an der Berghütte gewiss – demonstrativ in die Tiefe fallen. Dieser Mann stieg nun allein und ohne Sicherung den »Bergsteigerweg« (Schwierigkeitsgrad V+) entlang der zwei charakteristischen Abgänge aus schwarzem Stein hinab, die die Ostnordostwand prägen. Die Juroren auf der anderen Seite reichten sich das Fernrohr weiter und kommentierten, manche, wie Detassis, bewundernd. Andere, wie Cassin, tadelten den Burschen für die Arroganz und Verrücktheit einer solchen Demonstration. Er hatte sie gewarnt!

Detassis leitete die Brentei-Hütte bis zum Jahr 2000, über 50 Jahre lang konnten sich Kletterer beim Besteigen der von ihm selbst im August 1953 eröffneten »Via delle Guide« sicher sein, dass der alte Bruno sie mit seinem Fernglas im Auge behalten würde.

Adresse Rifugio Brentei (2.182 Meter), 38086 Madonna di Campiglio (TN), Tel. +39/0465/441244 oder Tel. +39/328/7571463, www.rifugiobrentei.it | Anfahrt von Madonna di Campiglio Loc. Vallesinella Weg 318 (2 Stunden) von Sant'Antonio di Mavignola zum Val Brenta einschlagen, dann Weg 323 (3,5 Stunden) | Öffnungszeiten Juni–Sept. | Tipp Im Museum der Bergführer von Campiglio sind Zeugnisse berühmter Alpinisten wie Bruno De Tassis und Cesare Maestri ausgestellt (Via Pradalago 4).

12 Die hässliche Kirche

Der Schein trügt – immer

Die Kirche Santa Maria Antica ist unauffällig und abgelegen. Außen ist sie mit regelmäßig angeordneten Granitsteinen in schlichter Neogotik gehalten. Weshalb also das *antica* im Namen? Nur die Einwohner des Ortes wissen, dass dies die ursprüngliche Kapelle von Madonna di Campiglio war, die zusammen mit dem ehemaligen Hospiz für das Hotel Des Alpes niedergerissen wurde.

Am einzigen Grab der Kirche, im Fußboden des Hauptschiffs, ist noch der Name ihres Bauherrn »Franz Josef Oesterreicher« zu sehen, einer dem Hof der Habsburger sehr nahestehenden Persönlichkeit. Aber das ist schon jüngere Vergangenheit. Die ältere handelt von einem der Jungfrau Maria geweihten Hospiz, das ein gewisser Raimondo »zu seinem eigenen Seelenheil« gebaut hatte, um die Wanderer »am Monte Campiglio an einem einsamen und unbewohnten Ort zu schützen, wo Passanten oft ausgeraubt und getötet worden waren«.

Das Hospiz erlangte mit der Zeit eine gewisse Bekanntheit, und heute zeugen noch drei Werke von seiner großen Vergangenheit: Erstens ein dreiflügeliger Tiroler Altar aus dem 14. Jahrhundert mit bemalten Türen, zweitens die Skulptur einer Madonna mit roten Feigen aus dem 14. Jahrhundert, die so kostbar ist, dass das Original nur anlässlich der Prozession am 15. August gezeigt wird. Feigen waren hier nämlich nicht heimisch, sie wurden als Trockenfrüchte von Emigranten aus Deutschland eingeführt, Teil der traditionellen Küche und reicherten als solche die typischen Ravioli *cajoncie* an. Das dritte Zeugnis schließlich steht im Halbschatten: ein wertvolles hölzernes Kruzifix aus dem 12. Jahrhundert. Vermutlich stammt es nicht von Cimabue, aber so mancher behauptet, es sei von Karl dem Großen persönlich getragen worden. Der karolingische Herrscher reiste tatsächlich durch das Rendental, allerdings einige Jahrhunderte früher. Der Schein trügt, das muss man einfach immer wieder feststellen!

Adresse Santa Maria Antica, Via Campanile Basso 5, 38086 Madonna di Campiglio (TN) | **Anfahrt** Bus 231 von Trento (www.ttesercizio.it/extraurbano) | **Öffnungszeiten** immer zugänglich | **Tipp** Zur Präsenz von Karl dem Großen im Rendental gibt es ein berühmtes Fresko von Simone II. Baschenis in der Kirche Santo Stefano in Carisolo, das den Zug des Königs und seines Hofs durch die Orte der Gegend darstellt.

13 Der Hofer-Salon

Habsburgische Nostalgie

1956 wandelte eine als junge Kaiserin verkleidete Romy Schneider für die Dreharbeiten des Streifens »Sissi« von Ernst Marischka durch die Straßen von Madonna di Campiglio. Die schillernde bayerische Herzogin und Ehefrau von Kaiser Franz Joseph I. hatte ihren Urlaub gern in diesem Alpenstädtchen verbracht, das ihr seitdem treu geblieben ist. Alles hier erzählt von ihr, sogar die Steine, einer davon trägt ihren Namen.

An Stoff fürs große Kino mangelte es damals nicht: Sisis Geschichte vereinte Macht, Liebe, Kunst, Natur und Sorglosigkeit, die man getreulich in den Fresken des Hofer-Salons abgebildet sieht, dem prächtigen Ballsaal des Hotel Relais Des Alpes, der eigens für ihre Besuche eingerichtet worden war. Der Untergang des Reiches und der Habsburger war noch undenkbar, sodass man in den Lünetten von Gottfried Hofer aus dem Fin de Siècle den Kaiser umgeben von seinen Günstlingen und seine Frau in Begleitung florealer Motive, Allegorien und Jagdszenen erblickt.

Um den Jugendstilsaal zu besichtigen, der glücklicherweise als einziger im Gebäude einem verheerenden Feuer entgangen ist, steigt man die Stufen zur Beletage hinauf, wo sich die Pforten des prunkvollen Ballsaals auftun. Hier befindet sich das große, in unzähligen Reiseprospekten abgedruckte Fresko mit der bäuerlichen Madonna di Campiglio. Sie sitzt mit ihrem Kind im Gras, umgeben von neugierigen Hirtenjungen. Gegenüber spielt ein Faun auf einem Felsen die Schalmei, eine Allegorie auf den Urmenschen und offenbar auch auf die Gefahren der Natur, denn darunter flieht ein Mann vor einem Bären.

Zum Habsburger Karneval im Februar kehrt der Saal mit Kostümbällen und Walzerklängen zu alter Pracht zurück. Dabei nimmt man es mit der Hofetikette freilich nicht allzu ernst und gönnt sich Freiheiten wie den »habsburgischen Skilauf«, bei dem das königliche Paar die Piste von Madonna di Campiglio hinabfährt, was Franz und Sisi eher nicht zu tun pflegten …

Adresse Hotel Relais Des Alpes, Via Monte Spinale 1, 38086 Madonna di Campiglio (TN), Tel. +39/0465/446238, www.hotelrelaisdesalpes.it | **Anfahrt** von Trento Bus 231 (www.ttesercizio.it/extraurbano) | **Öffnungszeiten** an der Rezeption des Hotels um eine Besichtigung des Saals bitten | **Tipp** Der »Sissi-Stein« ist ein von der Herrscherin geliebter Aussichtspunkt, den man in einem 30-minütigen Spaziergang erreicht. Der Weg beginnt bei der Kirche Santa Maria Antica (siehe Ort 12) neben dem Hotel Relais Des Alpes.

14 Die Gärten der Kaiserin

Und Sisis unbekanntes Felsenprofil

Vom Pass Campo Carlo Magno führt ein Weg zur Malga Vagliana, einer der vielen Hütten, die die Almen oberhalb der Baumgrenze säumen und die bis in die 1950er Jahre von Schäfern benutzt wurden. Der Pass ist nach Karl dem Großen benannt, weil dieser mit seinem Hof einst das Rendental bereiste und wohl in diesen Breiten übernachtete.

In den Judikarien – dem westlichen Trentino mit dem oberen Sarcatal – haben seit dem Mittelalter die »Regole« das Sagen, territoriale Gemeinschaften, deren Mittel von allen Bewohnern einer *regola* verwaltet werden. Sieht man sich heute die Wegzeichen entlang der Wanderrouten an, bemerkt man jedoch, dass Hinweise auf eine andere Herrschaft Einzug gehalten haben: die der Habsburger, zu deren Riesenreich die Judikarien zählten. Aber sind die »Gärten der Kaiserin«, die »Kaiser-Runde« und die »Quellen der Kaiserin« wirklich nur Marketing-Ideen? Nein, denn die Bewohner des Rendentals sind der Kaiserin Sisi, die diese Landschaft so liebte, noch immer innig verbunden. Die Reiseprospekte der Touristenbüros wimmeln daher nur so von Sisi-Zitaten wie diesem: »Auf den höchsten und einsamsten Gipfeln atme ich freier, während andere sich hier verloren fühlen würden.«

Aber welche Orte suchte Sisi auf? Auch wenn sie eine sportliche Frau war, die mit dem Gebirge nicht fremdelte, wird sie wohl kaum die bis auf 2.500 Meter Höhe reichenden Gemüsegärten an der Pietra Grande bestellt haben, wo vor allem Steinböcke wohnen. Wahrscheinlicher ist, dass die Kaiserin in dieser Talmulde voller Wiesen, Latschenkiefern und Blaubeersträuchern den idealen Ort für ihre Spaziergänge fand. Und wo wir schon davon sprechen: Sie sollten unbedingt den Blick leicht nach links wenden, um das grazile Profil eines Frauenkopfes an der Westwand der Vaglianella zu sehen. Ähnelt es nicht dem Profil der Kaiserin? Merkwürdigerweise ist keine Legende zu dieser Felsformation überliefert.

Adresse Malga Vagliana (1.975 Meter), 38086 Passo Campo Carlo Magno (TN) | **Anfahrt** vom Passo Campo Carlo Magno zum (kostenlosen) Parkplatz des Langlaufzentrums, von dort zu Fuß zur Malga Mondifrà aufsteigen, dem Wanderweg 334 nach Malga Vaglianella, dann nach Vagliana folgen (1 Stunde) | **Tipp** Von der Malga Vagliana passiert man auf dem Weg nach Grosté die Sorgenti della Regina (45 Minuten) und kann mit der Seilbahn an der Mittelstation von Grosté nach Campo Carlo Magno zurückfahren.

15 Der Messerschleifer

Bis in den Buckingham Palace

Kommt man von Süden nach Pinzolo, erkennt man an der Kreuzung zweier Straßen die Skulptur des »Moleta«, des Schleifers. Denkmäler für diese Berufsgruppe sind nicht eben häufig, dieses steht gut sichtbar am Ortseingang.

Die Geschichte, die diese Statue erzählt, handelt von den hiesigen Menschen, von harter Arbeit und Emigration. Dieses einfache Gewerbe bescherte vielen Familien im Rendental ein Auskommen und wurde mancherorts zu einer Meisterschaft weiterentwickelt, die letztlich sogar die Schaufenster in Mailand eroberte.

Eine solche Erfolgsgeschichte ist die der Messerhandlung G. Lorenzi, die alle Vorurteile über die armen, meist reisenden Scherenschleifer, deren Ruf »È arrivato l'arrotino!« einst durch die Straßen ganz Italiens hallte, entkräftet. Obwohl die 1929 eröffnete Messerhandlung in Mailand 2014 ihre Pforten schloss, sind die Erben dabei, die Sammlung für ein zukünftiges Museum, vielleicht im Rendental, zu katalogisieren. »Ich kenne jeden Artikel so innig wie ein Schäfer seine Schafe«, sagt Aldo, der rührigste Spross des Lorenzi-Clans, dessen Umsicht es zu verdanken ist, dass die schönsten Artefakte aus dem Familienschatz nun für die Nachwelt bewahrt werden. Enkelin Roberta führt die Familientradition mit ihrem Geschäft in Madonna di Campiglio weiter und stellt der heutigen Wegwerfgesellschaft den Wert eines unvergänglichen Objekts gegenüber. Neben Messern hat sie auch Sommelier-Sets, Scheren, Rasierpinsel und Parfümflakons im Angebot.

Die Skulptur des »Moleta« soll auch an die ausgewanderten Bewohner Pinzolos erinnern, die anfangs nur saisonal Arbeit in England, Deutschland und der Schweiz suchten, später aber vielfach endgültig emigrierten, nicht wenige in die USA. In London gibt es ein Dutzend trentinischer Messerhandlungen, und sogar der Lieferant des Buckingham Palace stammt ursprünglich aus dem Rendental. Nicht zufällig hört man in den Straßen Pinzolos des Öfteren die englische Sprache.

Adresse an der Kreuzung zwischen Corso Trento und Via Genova, 38086 Pinzolo (TN) | Anfahrt Bus 231 von Trento (www.ttesercizio.it/extraurbano) | Tipp In Spiazzo wurde ein historischer Rundweg für die Figur des »Moleta« geschaffen, der von der Kirche San Vigilio ins Zentrum von Mortasio führt.

16 Das Felsenmeer

Im Val d'Ambiez

Gerühmt wird es allenthalben, aber nur wenige waren wirklich da. Das liegt wohl daran, dass das Val d'Ambiez an der Ostseite der Brentagruppe weitab von den klassischen Wanderrouten liegt und kaum über Infrastruktur verfügt. Um das verwunschene Hochtal zu erreichen, muss man immerhin zweieinhalb Stunden dem Wildbach folgen, der eine Schlucht in den Felsen gegraben hat – ein anstrengendes Unterfangen. Im Sommer kann man allerdings mit einem (kostenpflichtigen) Allrad-Taxi zur Schutzhütte »Al Cacciatore« gelangen, man sollte aber schwindelfrei sein, denn die Straße windet sich eindrucksvoll.

Am Ende wird man für die Strapazen belohnt, denn das Tal ist ein Naturparadies und überdies ein Mekka für Fossilienfreunde. Die Hütte »Al Cacciatore« wurde nach ihrem Stammpublikum benannt: den Jägern. Ein Fresko mit einer Hischhatz ziert sogar die Außenmauer der nahen, auf das Tal blickenden Kapelle.

Um den Friedhof der Muscheln – auch »Megadolonten« genannt – zu erreichen, folgt man vom Holzkreuz aus einem Weg zur Schutzhütte Agostini. Unmittelbar rechts zweigt ein Trampelpfad zu einem Steinhaufen ab, wo man zwischen Latschenkiefern auf rissige Kalksteinplatten trifft, die vor 200 Millionen Jahren den Grund eines Urmeeres bildeten. Im Jura-Zeitalter, in dem die Dinosaurier lebten, musste man hier keine Wanderstiefel schnüren, um 1.000 Meter Höhenunterschied zu meistern, sondern hätte eine Taucherbrille für ein paar Schnorchelrunden aufsetzen können, um ein riesiges Meerwasseraquarium zu bewundern, wo heute Schafe und Kühe weiden. Tropische, an Fauna überaus reiche Korallenriffe, von Riesenmuscheln bewohnte Strände und Küstenstreifen haben Weiden und Almen Platz gemacht, die im Sommer sehr leckeren Käse produzieren. Die wilden Gipfel der Brentagruppe krönen das Tal von dieser Seite aus. Das Wasser der herabfließenden Bäche speist den Gebirgsbach Ambiez, der einen tiefen Canyon gegraben hat.

Adresse Rifugio Al Cacciatore (1.820 Meter), Val d'Ambiez, 38078 San Lorenzo in Banale (TN), Tel. +39/331/8482279, www.rifugiocacciatore.it | Anfahrt in San Lorenzo Dorsino (Fraktion Baesa) vor dem Ristoro Dolomiti di Brenta parken und zu Fuß oder mit dem Taxi-Jeep weiter (Tel. +39/333/5909327, www.taximargonari.com) | Tipp Auf halbem Weg verengt sich das Tal und bildet tiefe, ausgeschilderte Schluchten. Der Weg 325 verläuft über Malga Senaso di Sotto.

17 Die Skyrunning-Strecke

... und der Zwist zweier Berghütten

Wenn Ihnen auf dem steilen Anstieg zur Berghütte Pedrotti die Puste ausgeht – was bei 1.000 Metern Höhenunterschied kaum verwunderlich wäre – und Sie von einer jungen Frau mit Rucksack überholt werden, die förmlich über die Steine zu fliegen scheint, dann nehmen Sie es nicht persönlich. Das ist wahrscheinlich Elena Nicolini, 2018 italienische Meisterin im »Vertical Kilometer«, einer Spielart des Skyrunnings. Sie bewältigt 1.000 Meter Höhenunterschied auf 2 Kilometern Strecke in 46 Minuten und 42 Sekunden.

Mit ihren wasserblauen Augen, dem sanften, aber entschlossenen Blick und einem in jeder Hinsicht großen Herzen arbeitet sie in der Berghütte der Familie, in der es weitere Champions gibt: Vater Franco nahm am Ski-Weltcup teil und ist heute Bergführer, auch Bruder Federico hat als Bergläufer hervorragende Resultate erzielt. Elena hat über das Skifahren zu ihrem Sport gefunden, sie gewann 2013 den Mezzalama-Cup und 2015 die italienische Meisterschaft. Wenn sie für den Wocheneinkauf mal eben 1.000 Meter nach Molveno hinuntersaust, ist das für sie, als würde sie aus dem vierten Stock die Treppe hinunterlaufen.

Wenige Meter unterhalb ihrer Berghütte liegt eine weitere Hütte, die Tosa. Dieser Umstand geht auf das Jahr 1880 zurück, als die italienische Società Alpinisti Tridentini (SAT) beschloss, einen Unterstand in der Nähe der Bocca di Brenta einzurichten. Da es verboten war, oberhalb der Almgrenzen zu bauen, bediente man sich eines Tricks und brachte Schafdung hier herauf. So wurde »belegt«, dass hier oben tatsächlich Vieh weidete. Die Tosa wurde bald ein strategischer Ausgangspunkt zur Erkundung des Brenta-Gebirges. Dies erzeugte den Neid des Deutschen Alpenvereins, der mit dem Bau der benachbarten Berghütte Pedrotti antwortete. Zwischen der SAT und dem Alpenverein entbrannte ein Streit, der erst 1914 durch ein Urteil des Obersten Gerichtshofes in Wien zugunsten der Italiener beigelegt wurde.

Adresse Rifugio Tosa und Pedrotti (2.491 Meter), San Lorenzo in Banale (TN), Tel. +39/0461/948155 und Tel. +39/349/3646251, www.rifugiotosapedrotti.it | Anfahrt vom Weiler Vallesinella (Madonna di Campiglio) Weg 318 nehmen (gute 3 Stunden); von Molveno mit dem Taxi-Jeep zur Berghütte Croz dell'Altissimo (Tel. +39/335/5948531) und den Weg 319 gehen (2,5 Stunden) | Öffnungszeiten Juni–Sept. | Tipp Die Südwestwand des Croz dell'Altissimo oberhalb der gleichnamigen Schutzhütte blickt auf eine lange alpinistische Geschichte zurück, die 1910 mit der Route Dibona/Rizzi/Mayer begann.

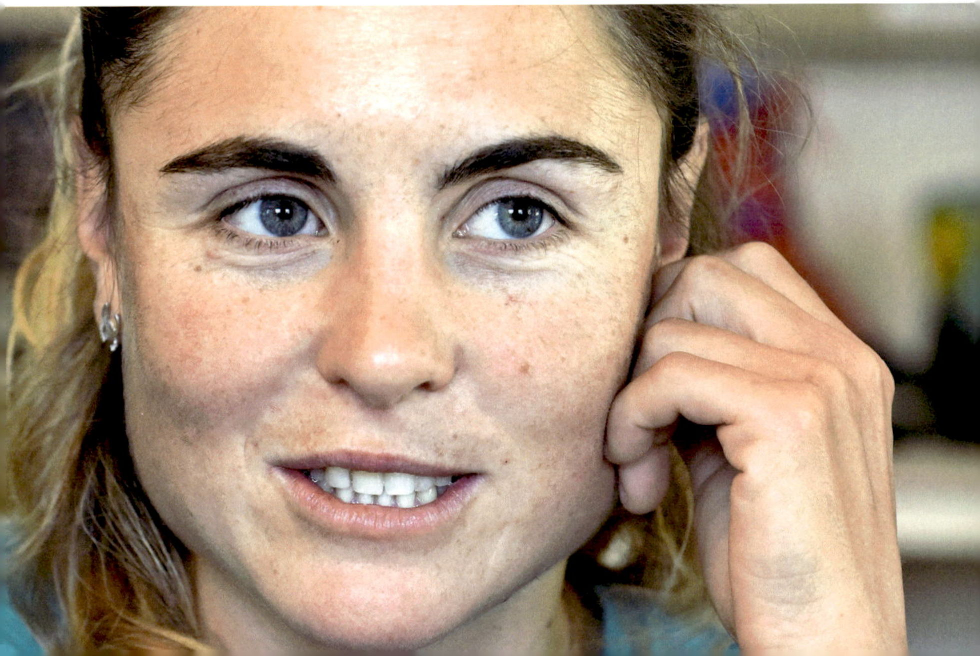

18 Die Alm des Alpenmalers

Edward Compton und die Brenta-Gipfel

Bekanntlich haben Reisende von jenseits der Alpen die Schönheit der Dolomiten entdeckt, nicht etwa die Talbewohner, für die diese Berge vor allem Nahrungs- und Erwerbsquelle waren, zum Beispiel bei der Gämsenjagd oder auf der Suche nach Kristallen. Im 19. Jahrhundert steuerten vor allem Engländer auf ihrer Grand Tour, inspiriert von der »Poetik des Erhabenen«, die Alpenlandschaften an. Einige von ihnen kombinierten alpinen Entdeckergeist mit ihrem Talent zur Malerei.

So etwa Edward Theodore Compton, der unter anderem die Brenta-Gipfel auf ergreifende Weise malte und hier auch einige Erstbesteigungen vornahm (Cima und Torre di Brenta 1882, Crozzon di Brenta 1883). Insgesamt fertigte er rund 1.640 Bilder an, die die wichtigsten Bücher jener Zeit über die alpine Bergwelt illustrierten, darunter »Aus den Alpen« von Robert von Lendenfeld (1896).

Als Basis für seine Touren diente ihm eine Alm, die Bergsteiger auf dem Weg zu den Gipfeln der Brentagruppe als Unterstand nutzten. Diese befand sich in der Talmitte an einem grünen, von Wald gesäumten Steilhang. Dieses Domizil war im wahrsten Sinne des Wortes malerisch: Von hier erhebt sich beeindruckend der Pfeiler des Crozzon. Bei seinen Ausflügen führte Compton immer einen Bleistift und Papier mit sich, um seine Eindrücke festzuhalten, die ihm dann zur Ausarbeitung des endgültigen Gemäldes dienten. »Wir verbrachten den Nachmittag damit, Skizzen und Erkundungen anzustellen, und übernachteten in der kärglichen kleinen Schutzhütte mit unseren Führern, den Herren der Alm und ihren zwei Kindern, einem Lamm, einer Sau und zahlreichen Hühnern …«, schrieb er 1883 im »Alpine Journal«. Heute stößt man im Brentatal, das damals unberührt und von Bären bewohnt war (die Bären sind immer noch da), auf die detailgetreu aus Lärchenholz nachgebaute Alm Comptons. Wie früher steht sie allen offen und ist in ihrer Schlichtheit herzlich und gastfreundlich.

Adresse Malga Brenta Alta (1.687 Meter), 38086 Sant'Antonio da Movignola (TN) | Anfahrt von Sant'Antonio di Movignola den Schildern zum Val Brenta bis zur Baumschule folgen, dann den Weg 323 (etwas mehr als 1 Stunde) nehmen | Tipp Nur ein paar Meter entfernt von der Malga Brenta fallen entlang des Wegs 323 anmutige Holzskulpturen ins Auge, die aus den Stümpfen gefällter Bäume gefertigt wurden: ein Auerhuhn, ein Pilz und eine Fichte.

19 Das ENI-Dorf

Die soziale Vision des Enrico Mattei

Zu Füßen des Antelao, oberhalb von Borca di Cadore, liegt das ENI-Dorf, das einst von Enrico Mattei konzipiert wurde, einem der fortschrittlichsten Unternehmer des 20. Jahrhunderts, der 1962 auf mysteriöse Weise bei einem Flugzeugabsturz starb. Während des Wirtschaftsbooms Ende der 1950er Jahre ließ Mattei, damals Präsident des staatlichen Energiekonzerns ENI, hier ein Feriendorf für seine Angestellten anlegen. Vom Architekten Gellner verlangte er viel, die Bungalows sollten anmutig wirken und gleichzeitig Komfort bieten. Sie wurden per Los zugewiesen, ohne zwischen einfachen und leitenden Angestellten zu unterscheiden, eine katholisch-kommunistische Idee Matteis, die nicht jedem im Nachkriegsitalien gefiel.

Zum Feriendorf zählten ein Hotel, eine Betreuungseinrichtung für über 600 Kinder, ein Campingplatz und eine Personalunterkunft. Mattei wollte sogar eine Kirche bauen und hatte Carlo Scarpa bereits mit dem Entwurf beauftragt. Umgesetzt wurde dieser Plan aber nicht mehr, und leider überlebte auch seine gesellschaftliche Vision den Unternehmer nicht. Vielleicht spürt man deshalb ein wenig Melancholie beim Anstieg zum Wäldchen, in dem sich die nummerierten Häuschen befinden.

Im Speisesaal des Hotel Boite (heute Mercure) kann man noch die Originaleinrichtung mit den Mahagoniverkleidungen und den Ledersesseln bestaunen. Die streng geometrisch aufgeteilten Räume scheinen einem Architekturhandbuch der 1960er Jahre entsprungen, die großen Glasfenster lassen viel Licht herein, die sichtbar verbolzten Pfeiler nehmen modernen Industrial Style vorweg.

2000 wurde der Komplex von der Holding Minoter übernommen, die den auf die Erschließung ehemaliger Industriestandorte spezialisierten Verein »Dolomiti Contemporanee« mit der kulturellen Aufwertung der Anlage betraute. So ist das Feriendorf heute ein Refugium für internationale Künstler, die hier leben und arbeiten und von der Nähe zu Cortina d'Ampezzo profitieren.

Adresse Villaggio Eni, Via Mattei 5, 3204 Borca di Cadore (BL), www.progettoborca.net | **Anfahrt** Bus 30 Calalzo–Cortina (www.dolomitibus.it) | **Öffnungszeiten** Besichtigungen des Feriendorfs: Juli, Aug. Do 15 Uhr in Begleitung des Personals von Dolomiti Contemporanee, Ausgangspunkt bei den Büros von Progettobarca (Via Mattei 5) | **Tipp** Der Verein Dolomiti Contemporanee hat noch weitere Stätten von historischem Interesse erschlossen und zu Laboratorien der Kultur und der bildenden Künste umgewandelt, darunter die Festung von Monte Ricco in Pieve di Cadore (www.dolomiticontemporanee.net).

20__Das Elternhaus Tizians

Madonnen und Berge

Der Renaissance-Meister und Hofmaler der »Serenissima« wurde in einem kleinen Ort des Cadore zu Füßen der Belluneser Dolomiten in diesem schlichten Haus am Dorfplatz geboren. Als Zehnjähriger soll Tiziano Vecellio an einer Wand des Hauses eine Madonna skizziert und damit bereits sein großes Talent bewiesen haben. Der englische Maler und Forschungsreisende Josiah Gilbert, Verfasser des Buchs »Cadore, or Titian's country« (1869), erzählt, wie er ergriffen vor der bereits stark verblassten Zeichnung stand. Nach dieser Probe seines Könnens schickte Tizians Vater ihn zum Studium nach Venedig, wo er in der Werkstatt der Gebrüder Bellini ausgebildet wurde.

Vielleicht ist es die Erinnerung an seine raue Heimat, die Tizian dazu bewegte, immer einen Baum oder einen Felsen als Bildhintergrund zu wählen und seine Figuren in klare Gebirgsluft zu hüllen. Rüttelt nicht der Wind aus den Bergen an den Kleidern der in den Himmel auffahrenden Maria in Venedigs Frarikirche? In den satten Farben der Gewänder drückt sich zudem das Aufblühen des alpinen Sommers aus. Tizian zeigt uns eine Landschaft, die ihm vertraut war. Die Bewegung der Figuren darin aber ist es, die seine Werke einzigartig macht, jede von ihnen scheint mit irgendetwas beschäftigt, von etwas angetrieben zu sein.

Halten Sie vor dem Elternhaus, das heute ein Museum ist, inne, um mit den Augen Tizians zu sehen, wo alles begonnen hat. Seiner Heimat blieb der Maler stets verbunden, er schlug sogar die Einladung eines Papstes nach Rom aus. Der Ruhm machte ihn vermögend, und er investierte das Geld in den Holztransport aus den Wäldern des Cadore nach Venedig. Trotz seiner namhaften Auftraggeber aus aller Herren Länder vermachte er seinem kleinen Geburtsort eine »Madonna mit Kind zwischen den Heiligen Tizian und Andreas«, auch »Altarbild der Familie Tizians« genannt, in dem sich der Maler links selbst verewigt hat.

Adresse Casa Natale di Tiziano Vecellio, Via Arsenale 4, 32044 Pieve di Cadore (BL), www.magnificacomunitadicadore.it | **Anfahrt** Bus 30 Calalzo–Cortina (www.dolomitibus.it) | **Öffnungszeiten** Juni, Sept., Okt. Mo–Do 10–12.30 und 15.30–18.30 Uhr, Juli, Aug. Mo–So 10–19 Uhr, im Winter nach Vereinbarung (Tel. +39/0435/32262) | **Tipp** In der Kirche Santa Maria Nascente (Piazza Tiziano 41) steht das einzige original erhaltene Altarbild der Heiligen Tizian und Andreas (auf der linken Seite, hinter Glas).

21 Die Dolomitenbahn

Züge und Räder

Verwunschen am Waldrand gelegen, ähnelt das Bahnhofsgebäude von Chiapuzza dem Pfefferkuchenhaus von Hänsel und Gretel. Auch wenn die Begonienvasen ins Bild der Gegend passen, überwuchert die Vegetation längst den Zaun, und der Name des graziösen, von einem Jugendstil-Steildach gekrönten Bahnhofs ist verblasst. Schornsteine und Baldachine laufen in spitzen Türmchen aus, um den im Winter üppig fallenden Schnee abgleiten zu lassen. Die wenig harmonische Mischung aus Ordnung und Unordnung, Blumenbeeten und Beikraut ist erfrischend. Es ist die gute alte Eisenbahn-Zeit mit ihren Zollhäuschen, Bahnhöfen und Tunneln, die dieser Fahrradweg von Calalzo über Cortina nach Toblach wieder aufleben lässt.

Bereits im Jahr 1865, zu den Pionierzeiten der Eisenbahn, war der Plan aufgekommen, das Cadore und damit auch Venedig mit dem habsburgischen Tirol zu verbinden. Aber die Höhenunterschiede in den Dolomiten stellten die damaligen Lokomotiven vor große Probleme. So entschieden sich die italienischen Ingenieure für ein Deauville-Schienensystem zwischen Pieve di Cadore und Cortina. Durch den Kriegseintritt Italiens zugunsten der Entente mussten die Österreicher die Arbeiten einstellen, sie legten stattdessen eine Parallelstrecke mit Schmalspurbahn und Dampfbetrieb an. Mit Pauken und Trompeten wurde am 16. Juni 1921 schließlich die Strecke mit dem ersten Zug eingeweiht. Aber die Betriebskosten waren von Anfang an sehr hoch, sodass die Verbindung im Boom der 1950er Jahre, als viele Italiener sich ein eigenes Auto leisten konnten, an Attraktivität verlor. Mit den Olympischen Winterspielen in Cortona erlebte sie ihren Abgesang, um einige Jahre später (1964) ganz aufgegeben zu werden.

Zum 100. Jahrestag ihrer Eröffnung haben ein entschleunigter Tourismus und ein neues Umweltbewusstsein der Trasse neues Leben eingehaucht. Sie ist nun Teil des 47,5 Kilometer langen Dolomiten-Radwegs von Calalzo di Cadore bis zum Passo Cimabanche.

Adresse Dolomitenradweg, Fraktion Chiappuzza, P. F. Calvi (nahe dem Hotel Cima Belprà), 32046 San Vito di Cadore (BL), www.ciclabiledolomiti.com | **Anfahrt** Bus 30 Calalzo–Cortina (www.dolomitibus.it) | **Tipp** Der Radweg Calalzo–Toblach (»La Lunga Via delle Dolomiti«) ist gut ausgeschildert, auf 64 Kilometern asphaltiert oder fein geschottert, der Höhenunterschied beträgt 700 Meter. Malerisch ist auch das alte Zollhäuschen an der Staatsstraße, drei Kilometer nördlich von Chiapuzza.

22 Die Bilder des Krieges

Die Fotografin und der verblüffte Soldat

An der Piazza Dibona steht noch das Haus der Familie mit dem Fenster, von dem aus Antonia Verocai am 28. Mai 1915 die Ankunft der italienischen Truppen in Cortina verewigte. Ein verblüffter Soldat hebt den Blick zum Objektiv. Der Kommandant der Patrouille, erinnerte sich Verocai später, eilte die Treppen hinauf, um die Frau hinter dem Fotoapparat kennenzulernen.

Es war der Beginn einer ungeplanten Karriere als Fotojournalistin. Von ihrem Mann Raffaele, einem Lehrer, der damals Kriegsgefangener der Österreicher war, war sie in ihrem Beruf unterwiesen worden. Zusammen hatten sie 1904 ein Fotostudio mit Oberlicht eröffnet, in dem Leinwände mit Dolomitenlandschaften als Bildhintergründe dienten. Im Atelier, an dessen Eingang die Aufschrift »Fotografia R. Zardini« prangte, fertigten sie unzählige Porträts geduldig posierender Kunden an. An jenem Nachmittag aber war Antonia allein. Die Mutter von vier Kindern ließ sich die Gelegenheit nicht entgehen, diesen historischen Moment zu verewigen, und erlangte durch Intelligenz und Witz den Respekt der Soldaten, die sie um Porträts für ihre Familien baten. Sie begann nun damit, alles zu dokumentieren, und machte dabei keinen Unterschied zwischen Freund und Feind, auch wenn ihr Mann in Katzenau interniert war.

Ihre Kriegsreportagen zeigen eine für die damalige Zeit einzigartige Feinfühligkeit und gleichzeitig die schonungslose Ehrlichkeit der echten Fotoreporterin. Alles, was sich in Cortina nach jenem Nachmittag im Mai ereignete, bannte sie auf ihren Platten: die Rückkehr der Österreicher 1917, ihren baldigen Rückzug, die Straßenkämpfe, die brennenden Häuser, die Vergabe militärischer Ehren. Über 20.000 Bilder des Archivs, das bis in die 1950er Jahre reicht, wurden von ihrem Enkel, dem Fotografen Stefano Zardini, katalogisiert, der 2019 verstarb. Heute sind sie in der Galerie Ikonos in Cortina zu sehen; das Projekt wird von seiner Frau Valentina weitergeführt.

Adresse Galleria Ikonos, Via del Mercato 1, 32043 Cortina d'Ampezzo (BL), Tel. +39/335/6895049, endgültiger Standort des Archivs zum Zeitpunkt der Drucklegung dieses Buches noch in der Schwebe, aktuelle Informationen unter www.stefanozardini.com | Anfahrt Bus 30, 31 von Calalzo (www.dolomitibus.it) | Tipp Rinaldo Zardini, der Sohn von Raffaele und Antonia Verocai, war ein bedeutender Paläontologe. Das paläontologische Museum in der Via Marangoni 1 mit einer interessanten Fossilienabteilung trägt seinen Namen.

23 Die Cliffhanger-Wand

Die Illusion der Rocky Mountains

Von »Der rosarote Panther« bis »Ladyhawk« – Cortina d'Ampezzo ist eine ideale Filmkulisse mit vielen Anekdoten zu Filmstars, die hier schon gedreht haben. Unvergessen der Auftritt von Sophia Loren bei den Olympischen Winterspielen 1956 »im schneeweißen Ganzkörperkostüm, etwas nie Dagewesenes«, wie sich der Schriftsteller und Alpinist Rolly Marchi erinnert. Eine Cinnecittà in den Bergen, in der alles nah beieinanderliegt, mit dem Grand Hotel Miramonti als Stützpunkt der Filmcrews. Erinnern Sie sich an Roger Moore als 007 »In tödlicher Mission« und die atemberaubende Verfolgungsjagd auf Skiern durch die Wälder von Cortina? Zuletzt wurde hier das Spin-Off »Solo: A Star Wars Story« unter der Regie von Ron Howard gedreht.

Es gibt kaum einen Ort, der es mit der Wucht der Felsnadeln, den imposanten Talmulden und den ständig wechselnden Perspektiven der Dolomiten aufnehmen kann, auch wenn sich einige Regisseure bemühten, diese Landschaften zugunsten der Illusion zu anonymisieren.

So im Film »Cliffhanger«, der in den nordamerikanischen Rocky Mountains spielen soll, aber die Fünffinger-Spitze, die Drei Zinnen und die Tofane allzu deutlich zu erkennen gibt. Für die Klettereinlagen von Sylvester Stallone waren sie freilich ideal. Die Gipfel des Monte Faloria waren zuvor von einem Team von Bergführern unter der Leitung von Marcello Cominetti präpariert worden, das dann den muskulösen Leibwächtern half, die Groupies fernzuhalten, die während der Aufnahmen das Set stürmen wollten. Mit Hilfe einer an der zweiten Station der Seilbahn der Tofane postierten Pistenraupe wurde eine Lawine vorgetäuscht, die einen armen Kletterer am Berg bedrohte – ein Stunt-Double, das schwierige Passagen in der Steilwand absolvierte. Die letzte Szene mit der Hängebrücke hatte es dann noch mal richtig in sich. Sie wurde am Klettersteig Dibona der Cristallogruppe gedreht.

Adresse Bergbahn Monte Faloria und Tofana, 32043 Cortina d'Ampezzo (BL) | Anfahrt Bus 30 von Calalzo (www.dolomitibus.it) | Tipp Am Endpunkt der Faloria-Bergbahn beginnt ein Rundweg namens »Cliffhanger Lodge« als Hommage an den 1993 gedrehten Streifen. An der Station 2 der Tofana-Bergbahn gibt es in der Capanna Ra Valles die »höchste« Pizza der Dolomiten.

24 Die Cooperativa

Einigkeit macht stark

Jahrelang war die Cooperativa di Cortina mit ihren Schaufenstern am Corso Italia *das* Einkaufsmekka der Stadt, auch wenn sie heute von eleganten Boutiquen mit angesagten Marken umgeben ist. In der Cooperativa findet man alles in höchster Qualität, von Loden bis zu Hausschuhen aus Wollwalk, von Tiroler Tischdecken bis zum Kochlöffel. Ihrer Bestimmung als Kaufhaus für die Einheimischen ist sie immer treu geblieben, und noch heute erfüllt sie diese mit ganz eigener Raffinesse. Der Satz »Gehen wir zur Cooperativa di Cortina« ist daher niemals aus der Mode gekommen, auch wenn er vermutlich bereits vor über einem Jahrhundert das erste Mal ausgesprochen wurde.

Sie war die erste Handelsgenossenschaft Südtirols, als »Konsumverein« bei der Handelskammer registriert, da ihre Gründung im Jahr 1893 noch nach österreichischem Recht erfolgte. Hinter dem Projekt steckte die solidarische Tradition dieser Gegend, die heute angesichts des hohen Preisniveaus von Cortina längst in Vergessenheit geraten ist. Die Cooperativa entstand 1888 nach der Schließung des *fòntego*, einer Art Lagerhaus, das die Gemeinde den minderbemittelten Bewohnern zur Verfügung gestellt hatte, die dort Waren des täglichen Bedarfs sowie landwirtschaftliche Produkte zu sehr niedrigen Preisen kaufen konnten. Aus Sorge um die ärmeren Bewohner beschlossen damals 25 Bürger Cortinas, ein kleines Grundstück im Ortsteil Pontechiesa zu erwerben, wo man Getreide, Mehl, Stoffe, Salz, Öl, Petroleum, Leder und Eisenwaren bekommen konnte. Auf diese Weise profitierten die Gesellschafter ebenso wie die Familien. Zwei Jahre später waren es fast 200 Gesellschafter, sodass die Kooperative an die Hauptstraße Cortinas umzog. Schließlich wurden fast alle Familien der Stadt Teil der Genossenschaft, der in Kriegszeiten eine wichtige Rolle bei der Lebensmittelversorgung der Gegend zukam. Heute ist sie aus dem Stadtbild nicht mehr wegzudenken. Sie ist chic, ohne zu übertreiben.

Adresse La Cooperativa di Cortina, Corso Italia 40, 32043 Cortina d'Ampezzo (BL), Tel. +39/0436/861245, www.coopcortina.com | Anfahrt Bus 30, 31 von Calalzo (www.dolomitibus.it) | Öffnungszeiten Mo–Sa 8.30–12.30 und 15–19.30 Uhr | Tipp Zur Cooperativa gehört auch die historische Langlaufski-Manufaktur Morotto, gegründet im Jahr der Olympischen Winterspiele 1956 im Ort Fiames. Heute ist sie ein Sportgeschäft mit Ski- und Mountainbike-Verleih (www.morotto.com).

25 Die Fan-Graffiti

Viva Coppi

Fast 80 Giri d'Italia und ein Weltkrieg sind seit dem 8. Juni 1940 vergangen, als Fausto Coppi zum ersten Mal das Rosa Trikot gewann. Vier Tage fuhr Gino Bartali durch Cortina und ging auf der Strecke Pieve di Cadore–St. Ulrich als Sieger hervor. Am Hinterrad hatte er einen Teamkollegen kleben, der nicht nachgab: Fausto Coppi, damals noch »Domestik«, startete an der Auffahrt des Falzarego-Passes durch und führte seitdem das Feld an. Dieses denkwürdige Bergrennen einen Tag vor der ebenso denkwürdigen Kriegserklärung Mussolinis im Radio an die Alliierten markierte den Beginn der Ära des »Campionissimo« Coppi.

Die Schrift eines Fans, der mit weißer Farbe seinen Helden an der Tür einer Berghütte anfeuerte, während eine zweite rote Parole ihn zu verunglimpfen trachtete, zeugt von der Rivalität der beiden Fahrer. Beim Giro 1946 bewältigte Coppi den Falzarego mit fast zweieinhalb Minuten Abstand auf Bartali und gewann den Abschnitt Auronzo–Bassano, wo er als Ausreißer 153 Kilometer allein absolvierte. Vermutlich bezieht sich die Inschrift auf den Giro 1948, als Coppi mit drei Minuten Vorsprung auf Bartali in Cortina einfuhr. »Coppi hat die Gewohnheit, die Luft dieser Wälder als Erster einzuatmen«, kommentierte ein Reporter während der Rundfunkberichterstattung 1949.

Die Rivalität zwischen den beiden Fahrern war mittlerweile legendär. Ihre Fans warteten an den Pässen, drängten sich an den Wiesen am Pistenrand, ungerührt von Kälte, Regen, manchmal auch Schnee. Alles war damals anders als heute, die Dolomitenstraße war nicht asphaltiert, sondern überwiegend unbefestigt. Die Fahrer sah man wegen der Staubwolken, die die Autos der vorausfahrenden Techniker und Journalisten aufwirbelten, schon von Weitem kommen. Fernsehen gab es noch nicht, nur die Wochenschau in den Kinosälen. Wer konnte, kaufte sich die »Gazzetta dello Sport«, schnitt das Schwarz-Weiß-Foto seines Idols aus und klebte es sich übers Bett.

Adresse Ortschaft Verocai, Gabelung Grava di Sopra (gegenüber der Kapelle Beata Vergine di Lourdes), 32043 Cortina d'Ampezzo (BL) | **Anfahrt** Bus 30 von Calalzo (www.dolomitibus.it) | **Tipp** Die Wochenschauen des Istituto Luce findet man im Internet (nach »Settimana Incom Giro d'Italia« suchen). Am Pordoijoch steht ein Denkmal für Fausto Coppi.

26 Die verschwundenen Burgen

Cortina will Aussicht

Im Gegensatz zum benachbarten Tirol scheint das reiche und mondäne Cortina d'Ampezzo die Burgen in seiner Umgebung weniger wertzuschätzen. Von der ursprünglich von den Langobarden errichteten Burg Peutelstein etwa ist nicht viel übrig geblieben. Bis ins 18. Jahrhundert zeigten zeitgenössische Drucke eine mächtige Festung. Weshalb sehen wir dann heute nur moosüberzogene Mauerreste? Ein ähnliches Schicksal war dem Ansitz der Familie De Zanna beschieden.

Der junge Gianmaria hatte sich im Türkenkrieg hervorgetan, sodass ihn der österreichische Kaiser Leopold I. 1692 mit einem Adelstitel und einem Haufen Golddukaten belohnte. Um sein Image aufzupolieren, investierte De Zanna das Geld in den Bau einer Burg an der Königsstraße. Seine ehrgeizigen Projekte ließen die Bewohner von Cortina jedoch unbeeindruckt. Jahrhundertelang hatten sie sich der Herrschaft der Edelleute von Peutelstein beugen müssen, die unter anderem das wenig edle »ius primae noctis« geltend machten und mit den schönsten Mädchen Cortinas die erste Nacht nach deren Vermählung verbrachten. Im Jahr 1830 nutzten die Bewohner die erstbeste Gelegenheit, um die Festung abzureißen, womit sie auch dem umstehenden Wald einen Gefallen taten, der schnell nachwuchs.

Als die De Zannas im 17. Jahrhundert mit dem Bau ihrer Residenz in der unmittelbaren Umgebung Cortinas begannen, sperrte sich die Bürgerschaft gegen die Fortführung der Arbeiten, weil die Errichtung von Festungsbauten auf dem Gebiet von Cortina laut Gemeindestatuten unzulässig war. Der geplante Ansitz blieb mit zwei Türmen, Mauerteilen und der Familienkapelle ein Fragment. Während von den Peutelsteinern wenigstens noch die Legende des sagenhaften, aus dem Gadertal stammenden Ritters Bracùn existiert, der die Berge des Villnößtals durchritt, um sein schönes Burgfräulein aufzusuchen, sind die De Zannas in jeder Hinsicht leer ausgegangen.

Adresse Castello De Zanna, Via del Castello, 32043 Cortina d'Ampezzo (BL) | **Anfahrt** Bus 30, 31 von Calalzo (www.dolomitibus.it) | **Tipp** Zu den Ruinen der Burg Peutelstein führt ein schöner Spazierweg durch den Wald (20 Minuten) von der SS 51 Alemagna zum Bahnwärterhaus bei Kilometer 112, etwa einen Kilometer nach der Haarnadelkurve »Ra Stua« (Richtung Toblach).

27_Der Satellitensteig

Die Nase im Wind

An den Ausläufern der Tofanegruppe befindet sich oberhalb der Baumgrenze eine kleine, aber für die Erforschung von Supernovas sehr wichtige Sternwarte. Sie wurde 1972 von einer Gruppe von Astronomen um den Österreicher Helmut Ullrich, den Erfinder des Modems, gegründet.

Der Col Drusciè liegt auf 1.780 Meter und bietet einen schönen Blick auf Cortina, auch wenn die beiden Kuppeln natürlich für den Blick nach oben konzipiert wurden. Anstelle des einstigen Newton-Teleskops mit 50 Zentimeter Durchmesser wurden 2015 modernere Linsen eingebaut: ein Ritchey-Chrétien 16" f/8 und ein Schmidt-Cassegrain Celestron 11", die mit verschiedenem Zubehör für die Betrachtung der Gestirne ausgerüstet sind. Seitdem konnten am Himmel über dem Col Drusciè insgesamt 40 Supernovas ausgemacht werden. Den vorerst letzten dieser explodierenden Sterne entdeckten die Wissenschaftler in einer 200 Millionen Lichtjahre entfernten Galaxie. Auch einen kleinen Planeten haben die Astronomen erforscht und ihm den Namen »Cortina d'Ampezzo« gegeben.

Das Observatorium steht nicht nur Wissenschaftlern offen, die dank eines Softwaresystems die Bilder direkt auf ihrem PC zu Hause empfangen. Wenn es am Col Drusciè Abend wird, kommen viele Sternenjünger hierher, vor allem im Herbst, wenn die Wahrscheinlichkeit, eine klare Nacht zu erleben, im Vergleich zum sonstigen Jahr zwei Drittel höher ist. Ist es auch nicht die Atacama-Wüste, so ist die Lichtverschmutzung hier doch gering, und die bloße Möglichkeit, die Milchstraße zu erkennen, schon ein Hinweis auf einen klaren Himmel. Außerdem: Was gibt es Romantischeres, als nachts die Sterne über Cortina zu beobachten? Tagsüber hierherzukommen lohnt sich übrigens auch: Die Landschaft an den Hängen der Tofana mit ihren Wäldern und Seen ist überaus reizvoll. Ein Wanderweg namens »Sentiero dei satelliti« erklärt dazu auf Bildtafeln die Entstehung des Universums und die Bewegung der Planeten.

Adresse Osservatorio Col Drusciè, Stazione 1 Funivia Freccia del Cielo, 32043 Cortina d'Ampezzo (BL) | **Anfahrt** Bus 30 von Calalzo (www.dolomitibus.it) | **Öffnungszeiten** Die Associazione Astronomica di Cortina bietet nach Reservierung tagsüber und abends Führungen durch die Sternwarte an, auch mit »Astro-Abendessen« (Tel. +39/348/3346585, www.cortinastelle.eu). | **Tipp** Die Associazione Astronomica di Cortina betreibt auch das Planetarium in der Via dello Stadio 8. Für die Kleinsten bietet das Planetarium auch »Reisen« mit dem Raumschiff (www.cortinastelle.eu).

28 Die Bletterbachschlucht

Der Canyon der Fossilien

Die Schlucht des Bletterbachs ist wirklich atemberaubend, weil in ihr die Schichtungen des Gesteins unangetastet geblieben sind, obwohl die Erosion mit der Zeit zehn Milliarden Tonnen Fels ins Tal gespült hat. Wasser hat diese Kluft in jahrtausendelanger Arbeit gegraben, wie man an den vielen Wasserfällen nachvollziehen kann. Die Schlucht ist ein Mekka für Canyoning-Fans. Dieser Sport ermöglicht gleichzeitig auch eine wissenschaftliche Untersuchung der Sedimente, denn von unten betrachtet zeigt sich die geologische Schichtung an den erodierten Wänden, man gewinnt Einblicke in die Zusammensetzung des Gesteins und die Entstehung der Dolomiten.

Vor 250 Millionen Jahren gab es mehrere Vulkanausbrüche etwa auf Höhe des Äquators, deren Zeugnisse wir hier, abgesunken auf das Bett des Bletterbachs, wiederfinden: die sogenannte Porphyrplatte, die damals im Gebiet des Äquators lag und hier im rotgrauen Gestein der Talsohle zu sehen ist. Seitdem haben Klimawandel, Erdbeben und plötzliche Temperaturwechsel das Gestein verändert. Die heute zu bewundernden Lebensformen wie das große, eidechsenartige Reptil, das das Symbol des Geoparcs ist, wurden einst in Schlammschichten eingeschlossen.

Um zu verstehen, wo sich der Wasserspiegel des Meeres befand, das die Randzonen regelmäßig überschwemmte und tropische Fische und Pflanzen einbrachte, muss man nach Gipsknollen suchen, die auf nahe marine Lebensräume schließen lassen. In diesen finden sich Spuren von Fossilien, Pflanzen und Muscheln, die für die Ewigkeit konserviert wurden. Selbst der Gipfel des Weißhorns, aus dem die Bletterbachschlucht hervorging, wurde durch die kalkbindende Tätigkeit von Meeresalgen gebildet, die die flachen, klaren und sauerstoffreichen tropischen Meere bewohnten. Von einem Aussichtspunkt am Rand des Abgrunds lassen sich die Erdzeitalter wie die Seiten eines Buches lesen, vom Perm über das Trias bis hin zum Jura.

Adresse Besucherzentrum Geoparc Bletterbach, Ortsteil Lerch 40, 39040 Aldein (BZ), Tel. +39/0471/886946, www.bletterbach.info | **Anfahrt** Bus 142 von Neumarkt (www.sii.bz.it) und Shuttle zum Besucherzentrum | **Öffnungszeiten** 29. April–31. Okt. 9.30–18 Uhr | **Tipp** Ein weiterer Zugang zum Geoparc mit angeschlossenem geologischen Museum besteht von Radein, einem malerischen Dorf mit alten Heuschobern und einem bezaubernden Kirchlein auf einer Anhöhe mit schönem Blick bis zur Adamello-Brenta-Gruppe.

29 Der Karersee

Das Labyrinth von Poirot

Der Karersee mit seinem türkisblauen, von den Bergen eingefassten Wasser verkörpert jene erlesene und melancholische Schönheit, in der das Fin de Siècle schwelgte. In der für Seelandschaften typischen intimen Atmosphäre spazierte man im meditativen Schweigen an seinem Ufer entlang. Aber es ging auch frivol und festlich zu, denn der See war bei jungen Frauen mit Sonnenschirmen und rauschenden Röcken beliebt, wie die Gemälde französischer Impressionisten zeigen. Rund um dieses dichte und glitzernde Gewässer, in dem sich die Zinnen des Latemar spiegeln, konnte alles geschehen. Im Grand Hotel Carezza, einem prunkhaften Bau aus der Zeit der Jahrhundertwende, lag das Zentrum des illustren Reigens. Nach der unvermeidlichen Kaiserin Sisi war im Jahr 1926 auch Agatha Christie zu Gast.

Die Krimikönigin durchlebte damals eine schwierige Zeit, sie hatte vor Kurzem ihre Mutter verloren und entdeckt, dass ihr Ehemann, der geliebte Archie, sie betrog. Um sich zu rächen, täuschte sie sogar einen Suizid vor und blieb über mehrere Tage verschwunden, ohne freilich vorherzusehen, dass dieses Mysterium ein großes, ihr abträgliches Medienecho finden würde. Hier, im Schutz der Berge, komponierte sie bei Spaziergängen ihren fünften Detektivroman mit Hercule Poirot in der Hauptrolle. »Es ist ein wunderbarer, sehr bekannter Urlaubsort inmitten der Dolomiten«, lässt sie den berühmten Detektiv in »Die Großen Vier« von 1927 sagen. Besonders ein Ort hat es der Phantasie der Autorin angetan: »Ein Labyrinth aus riesigen Felsbrocken, die auf unglaubliche Art angeordnet sind.« Poirot gerät am Ende des turbulenten Romans mitten hinein.

Gemeint ist eine alte Geröllawine, die einst an der Nordwand des Latemar am Waldrand abgegangen ist. Die Felsen sind teilweise von Moos überzogen, und wo die nachgewachsenen Lärchen und Fichten die Steine einbetten, erzeugen sie einen natürlichen, märchenhaften und unheimlichen Irrgarten.

Adresse 39056 Welschnofen (BZ) | Anfahrt Bus 180.1 Bozen–Eggental (www.sii.bz.it); Wanderweg 18 »Labyrinth von Agatha Christie« ab dem Grand Hotel Carezza über die Straße hinauf in den Wald (25 Minuten), nach der Kreuzung mit Weg 21 links ab zu den großen Felsbrocken des Labyrinths | Tipp Das nach einem Brand 1910 wiederaufgebaute Grand Hotel Carezza beherbergte auch Winston Churchill, der hier seinem Hobby, der Malerei, nachging und den Karersee verewigte.

30 Die Oberholz-Hütte

Die Berghütte der Zukunft

Die 2017 auf 2.096 Meter an der Ostflanke des Latemar-Gebirgsstocks eröffnete Oberholz-Hütte führt das althergebrachte Konzept einer Berghütte mit avantgardistischem Design und Haute Cuisine in die Zukunft. Dem Bozener Architekturbüro Peter Pichler und Pavol Mikolajcak scheint es nicht an Phantasie zu mangeln, haben sie doch ein beeindruckendes Projekt auf den Weg gebracht, das Elemente der alpinen Tradition mit einer neuen Vision der Landschaft zusammenbringt. Nur die Sesselliftanlage dahinter mutet noch sehr altbacken an, wobei solche Anlagen selten eine Bereicherung darstellen.

Vom Vorgängerbau blieb die Panoramaterrasse mit den Bänken und Holztischen bestehen, auch weil die Aussicht von hier grandios ist. Der Rest ist Zukunft. Die größte Wirkung entfaltet das Gebäude beim Eintreten: Drei auseinanderklaffende Blöcke in Form von kleinen Häusern führen jeweils zu einer Glaswand, hinter der die Gipfel von Mendel, Schwarzhorn und Weißhorn zu sehen sind. Die sichtbare Tragstruktur verleiht den Räumlichkeiten des Restaurants ein eindrucksvolles Spiel mit den Perspektiven. Keine falsche Scheu, darf man das Design des Projekts auch genießen, wenn man nichts bestellt. Das Basismaterial der Innenausstattung ist Fichtenholz, während für die Außenfassaden getreu der langen Südtiroler Tradition widerstandsfähigeres Lärchenholz zum Einsatz kam.

Die hohe Qualität der Holzverarbeitung hat in dieser Region im Verbund mit modernen architektonischen Visionen, die in die Landschaft eingebettet scheinen – und was für eine Landschaft! –, in den letzten Jahren interessante Ergebnisse erzielt. Natürlich geht es dabei um Baubiologie. So ist aus der Oberholz-Hütte ein eigenständiges Ausflugsziel geworden, zudem bildet sie aber auch den Ausgangspunkt, um das Eggentaler Horn (2.799 Meter) in Angriff zu nehmen, den höchsten Gipfel des Latemar.

Adresse 39050 Obereggen-Deutschnofen (BZ), Tel. +39/0471/618299, www.oberholz.com | **Anfahrt** Bus 180.2 von Bozen (www.sad.it); vom Sessellift Obereggen-Oberholz (geöffnet Juni–Okt.) über den Wanderweg 9 zu erreichen | **Öffnungszeiten** saisonale Schließzeiten siehe Website | **Tipp** Von der Oberholz-Hütte geht der Themen-Wanderweg »Latemar. Natura« mit 15 interaktiven Stationen ab, die Interessantes und Kurioses zu Flora, Fauna und Geologie liefern (3 Kilometer, 140 Meter Höhenunterschied, schöne Ausblicke, für Kinder geeignet).

31 Die gläserne Hütte

Sternenhimmel satt

Eine gläserne Suite am Gipfel, in der Gäste den Sternenhimmel in der klaren Luft der Dolomiten genießen können – das war die Vision von Raniero Campigotto, dem Betreiber der Hütte Col Gallina. Ein Abendessen bei Kerzenschein und Kristallgläsern gehört selbstverständlich dazu. Im Winter wird die warme Dinkelsuppe mit dem Motorschlitten zusammen mit einer Flasche Cabernet geliefert. Ringsherum nur Berge und Stille. Dass die eisige Nacht außen vor bleibt, ist der von Solarpanelen gespeisten Heizung zu verdanken, die für den vollständig autarken Energiehaushalt der Suite sorgt.

In dieser traumhaften Umgebung wirkt der »Starlight Room 360°« eher wie ein Raumschiff und nicht wie eine auf Knopfdruck bewegliche, elf Quadratmeter große Hütte mit allem Komfort. Die vier ineinander verschränkten Module werden von vier Bolzen zusammengehalten, die sich wie Legosteine ein- und ausbauen lassen. Das in 28 Minuten aufgebaute Luxushäuschen wiegt nur 3.600 Kilogramm und benötigt keine Aufsatzplattform, sodass vier Helikopterflüge ausreichen, um es überallhin zu transportieren: auf den Gipfel der Marmolata genauso wie auf eine Klippe im Mittelmeer.

Heute steht es auf einem Felsvorsprung in 2.300 Meter Höhe oberhalb der Hütte Col Gallina in der Nähe des Falzaregopasses. Wenn abends nur noch die Gämsen unterwegs sind und der Sonnenuntergang die Berge für einen Moment violett einfärbt, entfaltet sich der ganze Zauber des Ortes. Je näher die Dunkelheit rückt, desto mehr Sterne zeichnen sich am Himmel ab. Der perfekte Moment, um die Fernsteuerung zu betätigen und das Glasmodul des Schlafzimmers auf den zwei darunter liegenden Schienen zu drehen. Die Bewegung ist kaum zu spüren, doch vollführt man in acht Minuten eine ganze Umdrehung, während man bequem gebettet das Sternenzelt betrachtet und die dunklen, sich stets verändernden Silhouetten der Berge an sich vorüberziehen lässt.

Adresse Rifugio Col Gallina, Passo Falzarego, 32043 Cortina d'Ampezzo (BL), Tel. +39/339/4425105, www.rifugiocolgallina.com | Anfahrt Bus 30, 31 von Calalzo, Skibus (www.dolomitibus.it), vom Rifugio Col Gallina der Sesselliftstrecke folgen (zu Fuß 1 Stunde) | Tipp Auf 2.322 Höhenmetern (15 Minuten vom Starlight Room) befinden sich die Baracken der Cima Gallina aus dem Ersten Weltkrieg. Sie wurden von italienischen Artilleristen in den Fels gehauen und von Freiwilligen detailgetreu restauriert (Infos im Rifugio Col Gallina, Führungen auch im Winter mit Schneeschuhen).

32 Der Soldat des Lagazuoi

Franz und der Krieg

Einer der malerischsten Aussichtspunkte der Dolomiten war einer der grausamsten Schauplätze des Ersten Weltkriegs. Wo der Blick ungehindert über die Pässe und Täler ringsherum schweift, wurde einst besonders erbittert gekämpft. Diese Außenposten waren strategisch bedeutsam, aber zugleich schwer zugänglich. Eine Überfahrt in der Kabinenbahn des Lagazuoi macht dies deutlich: Die schroff herabfallenden Wände lassen bei der bloßen Vorstellung eines Aufstiegs Gänsehaut aufkommen.

Oben erzählt ein Soldat aus Fleisch und Blut den Besuchern weitere Details des kriegerischen Alltags am Gipfel: Franz Brunner, mit seinem Schnauzer und der Uniform leicht als Offizier des österreichisch-ungarischen Heeres erkennbar, mag wie die kitschige Erfindung des hiesigen Tourismusbüros anmuten, ist aber ein sehr anschaulicher »Führer durch die Geschichte«, mit dem wir die Schützengräben erkunden. Vor uns der Col di Lana, der »Blutberg«, der seinem Namen einer riesigen Mine verdankt, die damals Hunderte von Soldaten tötete und seine Morphologie veränderte. 200 Meter darunter befindet sich das Felsband Martini, dessen aufopferungsvolle Verteidigung durch italienische Gebirgsjäger sogar von den Österreichern gewürdigt wurde. Die italienischen Einheiten unter dem Befehl von Ettore Martini setzten sich hier eines Nachts in schwindelerregender Höhe fest und hielten das Felsband erfolgreich, obwohl sie von Artillerie und den treffsicheren Tiroler Schützen umringt waren. Ein Regiment aus dem Piemont wehrte die Angreifer an der Steilwand ab, während sich eine Kompanie toskanischer Bergleute ins Innere des Berges bohrte.

Nach der Explosion der letzten Mine im Mai 1917 sollen die Verteidiger um zwei Uhr morgens eine Fanfare angestimmt haben, um dem Feind das Überleben der »Verrückten des Martini-Bands« zu melden. Denn verrückt musste man wahrlich sein, um in dieser Nebel und Eis ausgesetzten Stellung auszuharren.

Adresse Rifugio Lagazuoi, Bergstation der Kabinenbahn Passo Falzarego, 32043 Cortina d'Ampezzo (BL), Tel. +39/0436/867303, www.rifugiolagazuoi.com | **Anfahrt** Bus 30, 31 von Calalzo (www.dolomitibus.it) | **Öffnungszeiten** historische Touren: Juni–Sept. | **Tipp** In den Räumen der Bergstation der Seilbahn wurde im Rahmen der Expo ein Weltkriegsmuseum eingerichtet (www.lagazuoi.it).

33 Der unheimliche Baum

Am Hexenstein

Am Falzaregopass begegnen sich Gipfel und Täler. An diesem Mittelpunkt der Dolomiten erhebt sich ein recht flacher, im Ersten Weltkrieg mit zahlreichen Tunneln und Stollen durchzogener Berg, der einfach zu erklettern ist und wie ein Schiffsbug in das Meer gigantischer Felsatolle hineinragt.

Es ist der »Sass de Stria«, ladinisch für Hexenstein. Sein Name entstammt der Legende um einen Grafen, der eine schöne Frau heiratete, über die er eifersüchtig wachte, und eine boshafte Amme, die in Wahrheit eine Hexe war. Die Geschichte endet kurz gefasst damit, dass die fliehende Hexe an dieser Felsspitze oberhalb des Falzaregopasses ihre letzte Zuflucht fand.

In der Nähe der Capella della Visitazione, von der man einen herrlichen Blick auf den Sass de Stria hat, zeugen heute die Zweige des »albero inquieto« von jener unheimlichen Präsenz. Dieser aus Eisen, Beton und Industrieabfällen bestehende Baum ist ein Werk des Bildhauers und Kunstschmieds Valentino Moro und gehörte zu einer Serie von ursprünglich sieben Bäumen, die anlässlich einer Ausstellung über die Dolomiten als Weltkulturerbe 2017 an den Füßen verschiedener Gipfel um Cortina aufgestellt wurden. Der Baum von Falzarego ist als einziger noch an seinem Ort, was dem Mäzen Flavio Pavelich zu verdanken ist, dem das Warenhaus am Pass gehört.

Auch wenn bei der Genese des Kunstwerks weder Ritter noch Hexen eine Rolle spielten, erinnern seine schauerlichen Äste doch an alte Zauberwälder. Der gewundene Baum soll eine Allegorie auf die Beziehung des Menschen zur Natur und zu den Bergen, zu den Wäldern und zum Tod sein. Er verkörpert den Gebirgsbewohner, der in unwirtlicher Umgebung um sein Überleben kämpft, oder auch den Soldaten, der die Frontlinie verteidigt. Der Einsatz von Eisen als archaisches, ursprüngliches Element, das dem Felsen abgerungen wurde, wird zur Geschichte des *Homo faber*, zu einer in zeitgenössischem Gewand interpretierten Legende.

Adresse Passo Falzarego, 32043 Cortina d'Ampezzo (BL) | **Anfahrt** Bus 30, 31 von Calalzo (www.dolomitibus.it) | **Tipp** Am Busbahnhof von Cortina befindet sich das Restaurant Al Passetto von Giorgio Ghedina, dem Onkel des Ski-Asses Kristian Ghedina. Die Eingangstür aus Gusseisen und weitere künstlerische Ausgestaltungen stammen ebenfalls aus dem Atelier von Valentino Moro in Miane (Via Marconi 8, www.alpassettoghedina.it).

34 Die Tofana di Mezzo

Der Berg der Klettersteige

Die Scala del Minighel am Westhang der Tofane hat eine besondere Geschichte. Das Klettersteiggehen als alpine Disziplin ist eine österreichische Erfindung aus dem 19. Jahrhundert, seine Verbreitung ist dem Tourismus in den Dolomiten und der Arbeit vieler Freiwilliger zu verdanken, die einst von Soldaten im Ersten Weltkrieg angelegte Laufgräben wieder nutzbar machten. Wie der italienische Begriff »via ferrata« andeutet, ermöglichen hier Zapfen, Tritte und Leitern aus Eisen, Felswände zu begehen und sonst unzugängliche Felsbänder zu erschließen.

Auf Betreiben der Sektion Dresden des »Deutschen und Österreichischen Touristenclubs« richtete Luigi Gillarduzzi, Spitzname »Minighel«, damals Betreiber des Von-Glanvell-Schutzhauses im Travenanzes-Tal, im Jahr 1907 eine »Leiter« am 150 Meter hohen Steilhang Majaré zwischen der Tofana di Rozes und der Tofana di Mezzo ein. 270 Sprossen benötigte er für diese Mutter aller Klettersteige, die die Österreicher zehn Jahre später bei ihrem Abzug zerstörten. Renato Franceschini machte den Steig 1958 bis zum Joch Forcella Fontananégra wieder begehbar und leitete damit eine Ära des Klettersports ein, in der die Tofane in wenigen Jahren mit Stahlseilen und Leitern überzogen wurden. Ziel war es, auch Bergwanderern die Gipfel zu erschließen, die zuvor nur Kletterern vorbehalten waren.

Auch wenn heute viele Bergfreunde den Klettersteigen zugunsten einer ursprünglicheren, weniger vom Menschen beeinflussten Landschaft den Rücken kehren, sind einige dieser Steige doch von unleugbarer Schönheit. Die auf den Gipfel der Tofana di Mezzo (3.243 Meter) führenden Steige Olivieri und Aglio eröffnen schwindelerregende Panoramen, deren Faszination sich niemand entziehen kann. Natürlich sind es anspruchsvolle Steige in ein Hochgebirge, das auch von der Seilbahnkabine aus seine Schönheit enthüllt. Heute gilt die Scala del Minighel als ältester Klettersteig der Dolomiten.

Adresse Rifugio Dibona, Località Dibona, 32043 Cortina d'Ampezzo (BL) | **Anfahrt** vom Rifugio Dibona auf dem Wanderweg 412 nach Col dei Bos (1,5 Stunden) sowie auf dem Weg 404 zur Scala del Minighel; auf die Gabelung zum Klettersteig achten (45 Minuten), geeignete Ausrüstung für das 150-Meter-Gefälle der Majarié und das Erreichen der Schutzhütte Giussani (1 Stunde) erforderlich | **Tipp** Die Verbindung der Klettersteige Olivieri und Aglio zum Gipfel der Tofana di Mezzo gehört zu den spektakulärsten Punkten des Steigs. Sie ist sehr anspruchsvoll und nur mit Bergführer anzugehen.

35 Der Passo Giau

Die große Mauer

Hat man den Passo Giau gesehen, kann man den jahrhundertelangen Streit um seine Weidegründe nachvollziehen. An den Gräsern und Blumen, die hier wachsen, erfreuen sich Weidetiere ganz besonders, die Gegend ist für ihre hervorragenden Milchprodukte bekannt. Am Kilometerstein 6, wo der Weg zum Pass aufsteigt, treffen heute noch die Grenzen der zwei Gemeinden aufeinander, die in dieser Geschichte die Kontrahenten sind: Cortina und San Vito di Cadore. Auf dem fast drei Jahrhunderte alten Stein erkennt man noch die Symbole des österreichischen Wappens und den Markuslöwen für Venedig: Hier verlief die »große Mauer« des Passo Giau.

Die streitbaren Bauern von San Vito forderten das Weiderecht zu Füßen des Nuvolau, ein Anspruch, den Cortina jedoch ebenso heftig bestritt, weil der Ort die Weiden als Eigentum der Gemeinde betrachtete. Bereits 1331 regelte eine Urkunde, dass die Bauern aus San Vito jeweils zu Anfang und Ende des Sommers für den Almauf- und -abtrieb ein Durchgangsrecht am Giau-Pass erhalten sollten. Aber auch das brachte keinen Frieden, und als Cortina unter österreichische Herrschaft geriet, nahm das Problem internationale Dimensionen an. Entnervt von den ständigen Streitereien, beschloss das Kaiserreich 1752, der Gemeinde San Vito den Bau einer zwei Meter hohen Mauer zwischen dem Nuvolau und der Croda-da-Lago-Gruppe aufzuerlegen, damit die Tiere nicht auf den Weiden von Cortina grasten. Das waren immerhin zwei Kilometer von Berg zu Berg, verbunden mit der Maßgabe, die Arbeiten innerhalb von 90 Tagen abzuschließen. Die Bewohner von San Vito machten sich ans Werk und beendeten es innerhalb der gesetzten Frist, weshalb sie künftig die Weiderechte am Giau innehatten.

Heute lassen sich an den zwei Kilometersteinen entlang der Straße noch die Reste der Grenzmauer ausmachen, die von Vegetation überwuchert ist. So kehrt sie in den Schoß der Natur zurück – und mit ihr die Streitereien der Vergangenheit.

Adresse Strada del Passo Giau, Kilometer 6, 32023 Cortina (BL) | **Anfahrt** Bus 30/4 Cortina–Pescul (www.dolomitibus.it) | **Tipp** Unterhalb der Felswände der Gusela del Nuvolau und des Lastoi de Formin sind weitere Grenzsteine der Mauer des Giau zu sehen.

36 Der Steinzeitjäger

Feuerstein und Bienenharz

Die Alm von Mondeval sucht man nicht auf, wenn man auf Gipfel, Berghütten oder Gebirgsseen aus ist. Was diesen Ort so besonders macht, kann man im kleinen, gut kuratierten Museum »Cazzetta di Selva di Cadore« erleben. Hier begegnen wir zum ersten Mal Valmo – oder vielmehr seinem Skelett, denn der Jäger aus der Mittelsteinzeit ist vor etwa 7.500 Jahren gestorben.

Die mit 2.150 Metern höchstgelegene prähistorische Grabstätte Europas liegt heute inmitten von Grünland an den Hängen des Corvo Alto. Weshalb aber wurde dieser Vorfahr der heutigen Bergbewohner in so großer Höhe und auf so aufwendige Weise von seinem Clan zu Füßen eines riesigen Findlings bestattet, der aus den Bergen gerollt und in einer Mulde zum Stehen gekommen war? Im Museum erfahren wir, dass Valmo 167 Zentimeter maß und im Alter von 40 Jahren gestorben ist. Angesichts der reichhaltigen Grabbeigaben handelte es sich bei ihm sicher um einen angesehenen Jäger. Es fanden sich Schneidwerkzeuge, aus Hirsch- und Elchgeweih gefertigte Gerätschaften, Faustkeile, Amulette sowie Reste einer Kette aus Hirschzähnen neben ihm.

Unvorbereitet war Valmo für das Leben in widriger Umgebung nicht gewesen. Er hatte ein Überlebenskit mit sich geführt, in dem die Forscher Feuersteinklingen und einen Propolis-Vorrat zur Wundbehandlung entdeckten. Mondeval war wohl ein saisonaler Siedlungsplatz, der von den Nomaden im Sommer auf der Suche nach Nahrung aufgesucht wurde. Auch in vorangegangenen Epochen bot er ausgezeichnete Jagdgründe, denn in den unten liegenden Wäldern lebten viele Hirsche, während die Felsen und die offenen Wiesen von Gämsen, Steinböcken und Murmeltieren bevölkert waren. Was konnte es damals Besseres geben? Heute, da die Murmeltiere unter dem Findling wieder lange Gänge graben, stellt der inzwischen Hirte und Bauer gewordene Mensch auf der Alm von Mondeval noch immer den Tieren nach, wie die kleine Jagdhütte bezeugt.

Adresse Malga Mondeval de Sora, 32020 Selva di Cadore (BL) | Anfahrt Bus 30/4 Cortina–Pescul (www.dolomitibus.it), vom Passo Giau dem Weg 436 (Alta Via) folgen, Findling 50 Meter unterhalb des Weges neben einer Jagdhütte, etwa auf halbem Weg zwischen Forcelle Giau und Ambrizzola | Tipp Das Museo Vittorino Cazzetta in Selva di Cadore mit dem Grabfund von Mondeval ist eines der interessantesten und modernsten seiner Art in den Dolomiten. Auch die geologische und paläontologische Abteilung ist interessant (www.museoselvadicadore.it).

37 Die extremen Abfahrten

In der Schule von Toni Valeruz

Seine halsbrecherischen Abfahrten sollte man sich besser nicht auf YouTube anschauen: Toni Valeruz, Bergführer aus Alba di Canazei, Jahrgang 1951, ist ein Extremski-Pionier und begnadeter Vertreter des Tiefschneefahrens, bei dem man stets schneller sein sollte als die sich hinter einem auftürmende Lawine.

In den Bergen rund um sein Elternhaus fand er seine ersten Abenteuerspielplätze weitab von den Pisten und dem schnöden Auf und Ab der Skilifte. Bereits mit 18 Jahren bewies er außergewöhnlichen Mut, als er sich von der Punta Rocca hinunterstürzte, um die Nordseite der Marmolata abzufahren. Nun wurde man auf ihn aufmerksam: Kein Zweifel, der Junge konnte Ski fahren! Valeruz beschloss, die Latte höher zu hängen und immer bekanntere Gipfel zu wählen: den Karling des Matterhorns (13 Minuten für die Abfahrt), die Nordseite des Liskamm (1.000 Meter Höhenunterschied in weniger als 3 Minuten), den Gran Vernel hinter seinem Haus, den Eiger. Mittlerweile hat er fast 100 Erstabfahrten an jungfräulichen Bergflanken auf seinem Konto.

Er ist nicht nur ein Athlet, sondern auch ein Künstler der Abfahrt und hinterlässt auf seine erstaunlich unbekümmerte Weise Spuren im Schnee, wo dergleichen kaum vorstellbar war und niemand es vor ihm wagte.

1984 beschloss er, es mit den Riesenbergen im Himalaja aufzunehmen: Am Makalu fuhr er von einer Höhe von 8.100 Metern in die Tiefe hinab. So mancher hält ihn für einen Verrückten, aber seine einzigartigen Aktionen sind genuiner Ausdruck seines Freiheitsdrangs, weswegen er sich auch dem Druck von Sponsoren und Medien stets verweigerte. Er mag keine Publicity, und er mag keine Risiken. Seine Abfahrten plant er bis ins kleinste Detail, weil ihm bewusst ist, dass sein Sport keine Fehler verzeiht. Dabei spielen nicht nur technische Aspekte eine Rolle. »Das mentale Gleichgewicht ist alles.« Das verkörpert er – nicht nur, wenn er seine Skier angeschnallt hat.

Adresse Casa delle Guide, 38031 Campitello di Fassa (TN), Tel. +39/370/1347721, www.fassaguide.com | **Anfahrt** Bus 101 Cavalese–Canazei (www.ttesercizio.it/extraurbano) | **Öffnungszeiten** nach telefonischer Voranmeldung | **Tipp** Die Bergführer von Campitello di Fassa bieten zahlreiche Wintersportaktivitäten, darunter Schneeschuhwandern und Freeriden (Programms unter www.fassaguides.com).

38 Die Alpinisten-Enoteca

Der Bezwinger der Seven Summits

In der Enoteca in Canazei, die er in fünfter Generation leitet, gibt es Süßigkeiten, Grappas, Blaubeermarmeladen und andere Trentiner Spezialitäten, aber seine wahre Passion gilt dem Wein. Man fragt sich unwillkürlich, wie es dem Bergführer Sergio Valentini angesichts dieser Verführungen gelingt, den durchtrainierten Körper eines Athleten zu bewahren. Seine Antwort ist so einfach wie verblüffend: Er gehört zu den wenigen Menschen auf der Welt, die die »Seven Summits« erklommen haben, die höchsten Berge der sieben Kontinente. Angefangen hat er mit dem Mount Everest (8.848 Meter), den er ohne Sauerstoffflasche bestieg, dann folgten der Kilimandscharo in Afrika (5.895 Meter), der Puncak Jaya in Ozeanien (4.884 Meter), der Denali in Nordamerika (6.194 Meter), der Aconcagua in Südamerika (6.961 Meter), der Vinson in der Antarktis (4.892 Meter) und der Elbrus in Asien (5.642 Meter).

Wenn man heute mit diesem zurückhaltend wirkenden Mann spricht, dann fällt es schwer, sich vorzustellen, wie er die Gletscher Grönlands bezwingt. Oder die Wälder von Papua-Neuguinea inmitten indigener, mit Lendenschurzen aus Naturfasern bekleideter Völker. Aber der Schein trügt eben fast immer.

»Im Kaukasus hatte ich mehr Probleme als in der Antarktis«, erzählt er. »Die meteorologischen Bedingungen waren dort so extrem, dass wir Masken tragen mussten. Unsere Gesichter waren von der Kälte verbrannt.« Währenddessen gleiten unsere Augen über die Auswahl edler Weine, darunter nicht nur Trentiner Tropfen, sondern auch Barolo oder Sassicaia. Im Dschungel, fährt Valentini fort, sei er, der 2009 einen Lawinenabgang überlebte, fast an seine Grenzen gelangt. Neun Tage Regen und Schlamm überstand die Expedition, um den Berg Puncak Jaya zu erreichen, der aufgrund seines schneidigen, der Marmolata ähnlichen Profils auch Carstenz-Pyramide genannt wird. Als er endlich da war, hat der Bergsteiger hier gleich mal eine neue Route erschlossen.

Adresse Lungo Rio di Antermont 6, 38032 Canazei (TN), Tel. +39/0462/601134, www.enotecavalentini.com | **Anfahrt** Bus 101 Cavalese–Canazei (www.ttesercizio.it/extraurbano) | **Öffnungszeiten** Mo–Sa 9–12.15 und 15.30–19.15 Uhr | **Tipp** Neben der Enoteca befindet sich die Wine Bar Valentini, in der die Weine mit Aufschnitt aus lokalen Wurst- und Käsesorten serviert werden. Auch Verkostungsabende mit Anleitung sind möglich (nur im Winter geöffnet).

39__Die Murales von Canazei

Ein farbenfroher Spaziergang

In den Straßen von Canazei kann man die üppigen Fresken an den Mauern nicht übersehen. Die Bewohner des Fassatals scheinen sich bei der Fassadendekoration überbieten zu wollen – ähnlich den adligen Familien des Mittelalters in der Toskana mit ihren Turmbau-Wettbewerben.

Schönes und Hässliches liegen dabei nah beieinander. Es gibt knallige Farbtöne, an Grün, Gelb, Rosa und Hellblau wurde nicht gespart. Und auch die Tradition ist nicht vor Kitsch gefeit. Das Talent des Malers und der Geschmack des Auftraggebers sind ausschlaggebend, und manchmal lässt sich ein scheuer, temperamentvoller, frommer, extrovertierter oder konservativer Charakter in den Werken ablesen. Sind Künstler und Auftraggeber identisch, kommt es zu Werken wie dem an der »Cèsa La Floriana«, wo jeder Zentimeter der Fassade und sogar die Holzbalkone der Schönheit der alpinen Landschaft und ihrer blühenden Wiesen gewidmet ist. Aber nicht nur Enzian und Edelweiß gibt es hier zu sehen.

An der Dolomitenstraße findet man die schönsten Bilder, die fast immer das Werk von Virgilio Soraperra sind, einem Freskenmeister und Maskenschnitzer, dessen Lieferwagen voller Farben, Leitern und Pinseln alle im Dorf kannten. In eine Familie von Künstlern hineingeboren, erzählen seine Murales die Geschichte des Fassatals, die man am besten mit den Wappen an der Cèsa Bernard beginnend Revue passieren lässt. Ein weiteres Highlight ist die Fassade des nahen Hotel Andreas, die Szenen aus dem mondänen Leben des vergangenen Jahrhunderts zeigt. Ganz anders der strenge habsburgische Stil des altehrwürdigen Hotels Dolomiti. Das Hotel Rita dagegen widmet eine Hausseite dem Alpinismus, während am Hotel Azola die Ankunft der ersten Touristen im Automobil verewigt ist. Den besten Blick auf das Wohnhaus »Cèsa Capinera« mit seinen biblischen Themen hat man von der Via Franz Dantone aus. Wer Kitsch mag, dem sei ein Spaziergang durch die Via Ciampac zu empfehlen.

Adresse 38032 Canazei (TN) | **Anfahrt** Bus 101 Cavalese–Canazei (www.ttesercizio.it/extraurbano); guter Startpunkt: Piazza San Floriano | **Tipp** Am Rathausplatz (Piazza del Municipio) wurde eine alte Kuckucksuhr in das ehemalige Haus eines Uhrmachers eingemeißelt. Sie schlägt jeden Tag um 11 Uhr.

40 Der Teufel und der König

Auf den Türmen des Vajolet

Man nannte ihn den »Teufel der Dolomiten«, ob wegen der Kühnheit seiner Aufstiege oder aufgrund seiner subversiven politischen Ansichten, ist nicht ganz geklärt. Tita Piaz war zeitlebens unbequem. Als Atheist, Irredentist und Anhänger von Cesare Battisti wurde er mehrmals verhaftet, zuletzt 1944 von den Nazis. Obwohl Studienabbrecher, war er ein gebildeter Mann, der das Theater und die Dichtung liebte und eine ungezügelte Leidenschaft für das Gebirge hegte. 1897 bestieg er mit gerade einmal 19 Jahren den Winklerturm der Rosengartengruppe. Zwei Jahre später erkletterte er, vor den Augen der verblüfften Zuschauer an der Vajolethütte, sieben Gipfel in acht Stunden! Aber das Meisterwerk folgte 1890 mit der Alleinbesteigung der Punta Emma, bei der er eine Kluft des vierten Schwierigkeitsgrads überwand.

Tita widmete diese Aktion Emma, der Köchin der Vajolethütte, die ihm bei den Vorbereitungen geholfen hatte. Es war nicht etwa Galanterie, die ihn dazu brachte. Er schätzte schlicht die Frauen, bewunderte ihre Intelligenz und auch ihre alpinistischen Fähigkeiten. Oft nahm er Freundinnen mit auf Klettertouren, was damals ganz und gar nicht üblich war. Seine Ehefrau Marietta Manetta war die erste Frau, die eine Berghütte im Fassatal betrieb.

Auch seine Herangehensweise unterschied sich von der der traditionellen Alpinisten. Er kletterte aus Leidenschaft, das Geld spielte eine untergeordnete Rolle. Er wollte keinem Gönner zu Diensten sein, auch wenn gelegentlich der belgische König an seinem Seil hing, mit dem ihn eine tiefe Freundschaft verband. Nach dem Tod von Albert I. im Jahr 1934 widmete ihm Tita die Hütte, die er in der malerischen Senke zu Füßen der Vajolettürme errichtet hatte.

Sicher wäre er stolz, wenn er wüsste, dass sie heute von einer Frau, Valeria, bewirtschaftet wird, deren Wirken sich in den kleinen Dingen zeigt – und in der hervorragenden Tiroler Knödelsuppe.

Adresse Gartlhütte (König-Albert-Hütte), Catinaccio, 39050 Tiers (BZ), Tel. +39/334/7246698, www.rifugiorealberto.com | Anfahrt von Da Pera und Vigo di Fassa per Skilift und nach 30-minütigem Fußweg zum Rifugio Gardeccia, dem Wanderweg 546 bis zur Vajolethütte folgen (1 Stunde), dann Weg 542 zur Gartlhütte (König-Albert-Hütte) (1 Stunde, Abschnitte mit Leitseilen) | Öffnungszeiten Juni–Sept. | Tipp Der Weg passiert zwei historische Schutzhütten: Vajolet und Preuss. Letztere wird vom Enkel von Tita Piaz betrieben.

41 Die kleine Türkei

Mit Erlaubnis des Sultans

Wer würde erwarten, im Zentrum von Moena im kühlen Norden Italiens ein türkisches Viertel zu finden? Und wie kam es überhaupt dazu?

Die Geschichte seines Ursprungs zelebrieren die Leute aus Monea jedes Jahr im Sommer mit einem bunten zweitägigen Fest. Gemäß der volkstümlichen Legende des Ortes begann alles mit der Ankunft eines türkischen Soldaten, der nach der Belagerung Wiens aus österreichischer Gefangenschaft geflohen war. Der schwer verletzte Mann wurde von der Dorfgemeinschaft aufgenommen und gesund gepflegt. Sollte diese Geschichte wahr sein, dann handelte es sich sicherlich nicht um einen einfachen Soldaten, sondern um einen hochrangigen Offizier, der sich im fremden Umfeld Respekt zu verschaffen vermochte.

Und dann ist da ja noch die »Bastia«, der sich kein Mädchen des Viertels entziehen kann, wenn sie sich mit einem Mann aus einem anderen Viertel oder Dorf vermählt. Es handelt sich um eine Prozession in historischen Kostümen, bei der der zukünftige Ehemann von Frauen und osmanischen Soldaten ins Viertel begleitet wird, um beim Sultan die Erlaubnis zur Ehelichung zu erbitten. Diese recht einzigartige Verflechtung aus Orient und Dolomiten, die Teil eines jahrhundertealten Brauchs ist, wurde zuletzt in den sozialen Medien häufig falsch interpretiert, weshalb die »Festa di Turchia« ab 2018 ihren Namen geändert hat. Heute heißt sie »Festa delle associazioni« und wird Ende Juli gefeiert, damit Moena nicht mehr von Reisebussen aus Deutschland mit Erdogan-Fans überschwemmt wird. Zum heutigen Zeitgeist gehört leider auch die Vereinnahmung von Traditionen zu politischen Zwecken, sodass in einer kontrovers diskutierten Bürgerversammlung beschlossen wurde, Kostüme und Fahnen künftig außen vor zu lassen.

Geblieben sind die Symbole an der Strada de Turchia und die Bastia-Prozession, falls ein Mädchen des Viertels beschließen sollte zu heiraten.

Adresse Strada de Turchia, 38035 Moena (TN), www.fassa.com | Anfahrt Bus 101 Cavalese–Canazei; Bus 104 von Auer (www.ttesercizio.it/extraurbano) | Tipp In der Strada de Turchia gibt es nahe dem Brunnen eine Nische mit einem handgefertigten Tiroler Barometer. Das Männchen mit Hut (Sonne) und die Frau mit Schirm (Regen) werden jeden Morgen von Nemo, einem 90-jährigen Bildhauer, hier aufgestellt.

42 Das Motorrad von Tita Piaz

… und die »Mutter des Pordoi«

Das Motorrad, mit dem Tita Piaz (siehe Ort 40) die damals noch aus Schotter bestehende Dolomitenstraße entlangbrauste, war eine Guzzi Sport von 1930, die heute im Foyer des familieneigenen, 1907 erbauten Hotels gezeigt wird. Das von seiner Enkelin Mariangela betriebene Haus zeugt von der langen, bewegten Geschichte einer Familie aus Pera di Fassa, die wie so viele hier der Armut entkommen wollte. Titas geliebte Schwester Maria wurde mit einem nichtsnutzigen Mann vermählt. Um trotzdem ihre sechs Kinder ernähren zu können, kam sie auf eine Idee, die den Beginn des Tourismus am heute von Hotels und Liftanlagen gesäumten Pordoijoch einleitete.

Als die Arbeiten für die »Grande Strada delle Dolomiti« 1901 begonnen, mietete Maria Piaz eine Holzhütte, um den Arbeitern Essen kochen zu können. Bald stillte die »Mutter des Pordoi« den Hunger von 2.500 Menschen. Arbeit gab es genug, die Töchter halfen ihr dabei, die Speisen von Pera di Fassa heranzubringen.

Mit der Zeit erwarb ihre Hütte einen guten Ruf, und bald kehrten auch Reisende, Bauern und Touristen bei Maria ein. Der Bau der ersten Seilbahn am Sass Pordoi (1961–1963) geschah auf ihre Anregung hin. Aber in ihrem Leben verlief nicht alles geradlinig. Im Ersten Weltkrieg überredete sie ihr Bruder Tita, zwei Deserteuren zu helfen, in die Berge zu fliehen. Im April 1915 wurde Maria verhaftet und verbrachte drei entbehrungsreiche Jahre in österreichischen Kerkern, darunter im Lager von Katzenau, das sie nur dank ihrer abgehärteten Physis überlebte; sie starb erst mit 94 Jahren.

Nach Kriegsende bevölkerten immer mehr Touristen das Joch, und ihre Hütte wurde zu einem kleinen Hotel erweitert. Bruder Tita hatte sich in der Zwischenzeit wegen seiner sozialistischen Ansichten und seiner Kletterkünste den Zunamen »Teufel der Dolomiten« erworben – und die feuerrote Moto Guzzi passte ganz gut zu diesem Image.

Adresse Hotel Col di Lana, Strada del Pordoi 132, Passo Pordoi (2.239 Meter), 38032 Canazei (TN), Tel. +39/0462/601277, www.coldilana.it | Anfahrt Bus 130 Canazei–Passo Pordoi (www.ttesercizio.it/extraurbano) | Tipp An der Bergstation der Seilbahn Sass Pordoi gibt es eine Dauerausstellung zum Leben von Maria Piaz.

43 Das Fest der Kühe

»Ta mont« im Val San Nicolò

Ist Ihnen das Fassatal zu touristisch, können Sie ins Val San Nicolò ausweichen, das sich östlich von Pozza erstreckt und von den Cadine-Gipfeln unterhalb der Ostflanke der Marmolata begrenzt wird.

In dieses recht abgeschiedene Tal, das zum Ende hin in großen, sonnigen Wiesen ausläuft, führten die Fassatal-Bewohner gemäß einem alten Brauch am Sommeranfang ihre Kühe, wovon heute noch die vielen Scheunen zeugen. Die Wiesen wurden hier geschützt, damit sie als Viehweiden genutzt werden konnten.

Der Tag, an dem die Familien zur Alm aufbrachen, hieß *ta mont*, was »auf die Alm gehen« bedeutet. Gleich nach der Ankunft musste Holz gehackt und Feuer gemacht werden, um die den ganzen Winter über geschlossenen Hütten zu erwärmen. Die älteste Frau hütete den Kessel mit der Polenta, die zusammen mit Milch und Käse über viele Monate das Hauptnahrungsmittel der Bewohner darstellte. Geschlafen wurde auf Heumatratzen. Früh am Morgen rückte die gesamte Familie mit Holzharken aus, um die Wiesen zu mähen (zum Leidwesen der sattgelben Butterblumen), was noch heute so gehandhabt wird. Das Heu wird einige Tage liegen gelassen, getrocknet und dann eingebracht.

Heute begeht man diesen alten ladinischen Brauch, das Fest »Ta Mont«, im August mit Gesängen, Folklore, Messen und einfachen, wohlschmeckenden Gerichten. Jedes Jahr gebührt es einem anderen Dorf, die Feierlichkeiten auszurichten, die den Bauern des Tals sehr wichtig sind. In den hiesigen Berghöfen werden an den Festtagen leckere traditionelle Gerichte serviert. Danach wird das Val San Nicolò wieder zu einem Hort der Ruhe, in dem die Zeit stillzustehen scheint. Die Holzzäune entlang der Wiesen, das Kruzifix an der Weggabelung, die Almhütten mit den sonnenverbrannten Bohlen sind dieselben wie immer – nur dass jedes Jahr eine Skulptur hinzukommt, die direkt in den Baum gekerbt wird, um das neue »Ta Mont« zu eröffnen.

Adresse Val San Nicolò, Ortsteil Sauch, 38036 Pozza di Fassa (TN) | Anfahrt Bus 101 Cavalese–Canazei (www.ttesercizio.it/extraurbano); im Sommer Zubringer von Pozza zum Val San Nicolò (www.fassa.com) | Öffnungszeiten Infos zum Fest unter www.festatamont.it | Tipp Spaziert man zum Parkplatz am Ende des Tals, passiert man rechts ein Kruzifix und stößt wenig später auf eine kleine Schotterstraße, die links abgeht und zu einer Kapelle für die Opfer des Ersten Weltkriegs führt, wo nahebei Fotos die Geschichte des Val San Nicolò erzählen.

44 Die alte Apotheke

... und der rüstige Drogist

Es gibt Dinge, die bleiben über Jahrhunderte unverändert, wirken gar aus der Zeit gefallen. Das ist bei der alten Apotheke von Cavalese an der Hauptstraße des Ortes der Fall.

Nach ihrer Gründung 1791 war die »Bottega dello speziale« die bekannteste im ganzen Tal. Die entsprechende Urkunde hängt in einem Winkel neben der Messingwaage und einem kleinen Kruzifix, das vor allem dort gern gesehen ist, wo es um Gebrechen und Krankheiten geht. Von der einstigen Bedeutung des Hauses kündet die Größe des original erhaltenen Holztresens, der von Regalen und Schubladen mit mysteriösen Aufschriften umgeben ist.

Auf einigen Etiketten der Apothekerfläschchen lesen wir: Glaskügelchen, Wachs, Seifenkraut, Arnika, Weinsäure, Formalin und Eichenrinde. Hier geht es nicht um Retro-Design, sondern um echte Arznei- und Heilmittel, die Giancarlo Franzellin, Jahrgang 1929, als Spross einer alteingesessenen Apothekerfamilie sorgfältig aufbewahrt. Der groß gewachsene, magere und würdevolle Mann ist es gewohnt, Vertrauliches zu hören, er hat den klinischen Blick eines Menschen, der jedem das geeignete Heilmittel für seine Beschwerden zu empfehlen vermag.

»Wir sind die Einzigen im Tal, die noch Arzneimittel herstellen«, sagt er stolz. Etwa 3.000 Präparate sind es jährlich, Sirups, Salben und viele weitere Rezepturen. Der Letzte seiner Art trauert ein wenig der Strenge und Präzision nach, die einst seinen Beruf auszeichneten. Dem Drängen der Firmen, die sich eine zeitgemäßere Warenpräsentation wünschen, widersteht er. Gewisse Konzessionen im Innenraum gibt es jedoch. Der Bereich für Cremes, Babypflege und Zahnpflegemittel wurde ausgelagert, während der alte Apothekerraum mit den Keramikgefäßen und einer Sammlung historischer Gegenstände, darunter viele homöopathische Mittel aus dem 19. Jahrhundert, unverändert geblieben ist. Hineinschauen lohnt sich auch bei guter Gesundheit.

Adresse Via Fratelli Bronzetti 28, 38033 Cavalese (TN), Tel. +39/0462/340171 | **Anfahrt** Bus 103 von Trento; Bus 140 von Auer (www.ttesercizio.it/extraurbano) | **Öffnungszeiten** Mo–Fr 8.15–12.15 und 15–19.15 Uhr, Sa, So 9–12 Uhr | **Tipp** An der Piazza Scopoli 12 liegt »Cose buone da Paolo«, eine vielfach ausgezeichnete Konditorei. Auch eine Art von Alchemie.

45 Das gelüftete Geheimnis

... der Biblioteca Muratori

Die Geschichte der Biblioteca Muratori erzählt von großer Leidenschaft und einer List, die beinahe zu gut funktioniert hätte. Keiner wusste, was mit den 1.500 Büchern der hiesigen Bibliothek, darunter seltene Drucke und Inkunabeln, im Zweiten Weltkrieg geschehen war. Bis vor 30 Jahren jemand einen Schrank in einer unscheinbaren, im Besitz der Kirche befindlichen Wohnung öffnete und das Geheimnis lüftete: An diesem namenlosen Ort hatte man die Bände vor dem Zugriff der Deutschen versteckt.

Es könnte kaum einen größeren Kontrast zu den wertvollen Bänden geben, die der Priester Gian Pietro Muratori aus Cavalese seit 1756 gesammelt hat, als die banale Aluminiumtür der Wohnung und die Fußböden aus Terrazzoplatten im Stil der 1970er Jahre. Für Muratori waren Bücher ein kostbares Gut, und er sah es als seine Pflicht an, die Bevölkerung zu bilden, worin ihn die Kirche freilich nicht unterstützte. Um Bände zu erwerben, verkaufte er Grundstücke und persönliche Gegenstände. Er bezog die Bücher aus allen Teilen der Welt, die meisten davon gebraucht, sodass sie oft noch die Exlibris-Beschriftung und den Namen des einstigen Besitzers ausweisen.

Diese Sammlung war die erste öffentliche Bibliothek im Trentino. Die Bücher durften nur vor Ort konsultiert werden. Don Muratori ließ zur Sicherheit sogar eine Bulle von Papst Clemens XIV. ausstellen, nach der jeder, der Bücher aus dem Lesesaal entwendete, exkommuniziert wurde. Außerdem richtete er nach seinem Ableben ein Benefiziat ein, das einem Bibliothekar eine Besoldung garantierte, damit er den Lesesaal vom Martinstag (11. November) bis zum Jakobustag (25. Juli) mindestens an drei Tagen pro Woche öffnete. Die Themen Religion, Medizin, Philosophie, Kunst und Juristerei sind allesamt hier vertreten. In einem Atlas von 1778 ist sogar Neuseeland verzeichnet, das gerade erst von Kapitän Cook entdeckt worden war. Man war schließlich nicht von vorgestern.

Adresse Piazza Cesare Battisti, 38033 Cavalese (TN), Tel. +39/0462340812 | **Anfahrt** Bus Trento–Predazzo (www.ttesercizio.it/extraurbano); Bus Bozen–Cavalese (www.sii.bz.it) | **Öffnungszeiten** nach Voranmeldung im Palazzo della Magnifica Comunità unter Tel. +39/0462/340812 | **Tipp** Das Restaurant El Molin des Küchenchefs Alessandro Gilmozzi ist eines der renommiertesten im Tal. Hier mischt sich der Duft von Geräuchertem mit den Aromen des Waldes.

46 Die Magnifica Comunità

Ein glückliches Händchen

Das Jahr 1111 hat für die Talgemeinde von Fleims eine besondere Bedeutung, ist es doch das Gründungsjahr der Magnifica Comunità. Auf dieser basieren noch heute, 900 Jahre später, der juristische Status und die kulturelle Identität des ganzen Tals. Es geht dabei um eine an jenem Tag vom Fürstbischof von Trient, der damals höchsten Autorität der Region, verfasste Urkunde. Im Nachhinein hat sich das Jahr 1111 für die Talgemeinde als Glücksfall erwiesen.

Zu jener Zeit bewirtschafteten die Bewohner des Fleimstals die knappen Ressourcen des Gebirges in einer Art Selbstverwaltung, die auf gemeinsamer Nutzung beruhte. Diese Strategie war auch in anderen Gegenden des Alpenbogens verbreitet, um in einer sehr widrigen und wenig ertragreichen, launischen Natur überleben zu können.

Diese eigenständige Verwaltung stand jedoch im Widerspruch zu den Forderungen des Fürstbischofs von Trient nach regelmäßig zu leistenden Abgaben. Der Kirche in Rom waren diese abgelegenen Berggemeinschaften lange Zeit ziemlich egal gewesen. Als das Heilige Römische Reich jedoch seine politische Verfassung in ein föderales System verwandelte, das die Bischöfe in Brixen und Trient mit weitreichenden juristischen und administrativen Vorrechten ausstattete, änderte sich dies grundlegend. Die anarchische Gemeinschaft von Fleims musste das wohl oder übel anerkennen. Man tat dies mit der Unterzeichnung der sogenannten »Patti Ghebardini«, die den Namen des Fürstbischofs von Trient, Gebhard, trugen. Zwar zahlte man künftig mehr Abgaben, aber einige Privilegien und eine gewisse Eigenständigkeit bei der Verwaltung der Forste und anderer Ressourcen konnte man sich bewahren. Der Fürstbischof zeigte sich in dieser Angelegenheit von seiner großherzigen Seite. Vielleicht, weil er gern Urlaub in Cavalese machte, dem heutigen Sitz der Magnifica Comunità des Fleimstals. Das Museum war einst seine Sommerresidenz.

Adresse Museo Palazzo Magnifica Comunità di Fiemme, Piazza Cesare Battisti, 38030 Cavalese (TN), Tel. +39/0462/340812, www.palazzomagnifica.eu | **Anfahrt** Bus Trento–Predazzo (www.ttesercizio.it/extraurbano); Bus Bozen–Cavalese (www.sii.bz.it) | **Öffnungszeiten** im Sommer täglich außer Di 10–12 und 15–18.30 Uhr | **Tipp** Auf den Straßen von Cavalese begegnet man symbolischen Persönlichkeiten wie dem Wilden Mann, auch »Salvanèl« genannt, der auf eine Mauer der Casa Bertelli gemalt ist und ein Verbindungsglied zwischen der ungezähmten Natur des Gebirges und der Zivilisation darstellt.

47__Das RespirArt-Projekt

Kunst atmen

Beatrice Calamari und Marco Nones, eine Künstlerin und ein Journalist, waren gerade auf ihrer Wanderung zur Alm von Pampeago, während sich im Hintergrund die Gipfel des Latemar abzeichneten. Vom Naturschauspiel überwältigt, kam ihnen die Idee, Kunstwerke in der Landschaft zu schaffen. So entstand 2011 das Projekt RespirArt. Ziel war es nicht, die Dolomiten noch schöner zu machen – das haben sie nicht nötig –, sondern Mensch und Natur in ein kreatives Verhältnis zu setzen, eine aufwühlende Landschaft zu kreieren, die Emotionen weckt. Wo man naturverbundene Berghöfe und Wiese erwartet, sollten Installationen Staunen, Neugier und ungeahnte Perspektiven erzeugen.

Auf dem Rundweg, der sich über etwa zwei Kilometer auf 2.000 bis 2.200 Höhenmetern erstreckt, begegnet man Kunstwerken, die, ob sie gefallen oder nicht, immer zu einer Unterbrechung, zu einer Pause des Nachdenkens anregen. Wie die Installation von Mauro Lampo Olivotto am oberen Teil des Wegs. Sie heißt »Natura viva« und besteht aus drei schlichten Holzstühlen mit hoher Lehne, die zum Sitzen einladen. Davor ein großer Rahmen, der die Kämme des Latemar einfängt. Nebenan verwandeln bunte Fenster das einfallende Licht, während etwas weiter eine Menge Kugeln zu Thorsten Schütts »Lawine der Gedanken« werden.

Aktuell sind es 22 Installationen, die sich immer auf die Natur beziehen, mal als Lawine, mal als Felsenlabyrinth, wie im »Garten der Danaer« des Japaners Hidetoshi Nagasawa. Aber wie die Natur im Gebirge ist auch der Rundweg im kontinuierlichen Wandel begriffen, und jedes Jahr kommen neue Werke dazu, während Wind, Sonne und Witterung die vorherigen verändern, bis sie schließlich von einer winterlichen Schneedecke verhüllt werden. Die Natur lebt, wie im »Teatro del Latemar« von Marco Nones, in dem wir auf Lärchenholzwürfeln sitzen und umgeben von Blaubeerbüschen kreativen Performances zuschauen.

Adresse Fraktion Pampeago, 38038 Tesero (TN), Tel. +39/335/1001938, www.respirart.com, www.latemar.it | **Anfahrt** Bus Cavalese–Tesero (www.ttesercizio.it/extraurbano); mit dem Auto an der Sesselliftanlage Tresca parken und den Wanderweg 514 nach Chalet Caserina (30 Minuten) einschlagen | **Öffnungszeiten** immer zugänglich | **Tipp** In der Fraktion Stava zwischen Tesero und Pampeago liegt das Geologische Museum der Dolomiten, das nach der Schlammlawine von 1985 eröffnet wurde (Tel. +39/0462/814060).

48 Die Felsen von Cornòn

Das Tagebuch der Hirten

An den Hängen des Monte Agnello, an den steilen Pfaden zu den Almen des Cornòn oberhalb der Baumgrenze, hat das Wasser des Wildbachs Aussparungen hinterlassen, die von rätselhaften dunkelroten Inschriften überzogen sind. Oft bemerken Wanderer sie aufgrund der dichten Vegetation und des anstrengenden Aufstiegs nicht einmal. Und kaum jemand kennt die faszinierenden Geschichten, die diese Epigrafe erzählen. Wissenschaftler haben das Rätsel dieser mit eisenhaltigem Hämatit aufgetragenen Lettern, Zahlen und Symbole erst spät entschlüsselt. Die Pigmente stammen aus den Gruben des Bòl de Bessa und haben dank eines hervorragenden, in Milch enthaltenen Bindemittels so lange überdauert.

Die heute übersetzten Inschriften geben einen Einblick in die Einsamkeit und die Mühen eines Hirtenvolks. Im Trentino existieren etwa 50.000 von ihnen, die ältesten gehen auf das Jahr 1470 zurück. Die Majuskeln, die oft besonders verschnörkelt sind, stellen die Initialen des Autors dar, dann folgen das Jahr, die Anzahl der Tiere und viele weitere Anrufungen und Zeichnungen. Eines der häufigsten Symbole ist das apotropäische Kreuz, das die Gefahren eines Lebens im Gebirge abwenden sollte, nicht zuletzt Angriffe durch Bären und Wölfe. Weitere Piktogramme sind die Hütte und das Zeichen der eigenen Familie, um Verwechslungen durch Namensgleichheit zu vermeiden.

Wir lesen vom Leben der Hirten, manche noch Kinder, die einsame Monate mit ihren Herden zubrachten. »10 Jahre alt«, schreibt ein Junge mit den Initialen »VG«. »Was für ein Getümmel 105 Schafe.« Viele hinterlassen Gebete, andere wollen von ihrem Leid erzählen. »Freunde, ich bitte euch, führt nicht dieses grausame Leben.« Manche beschreiben ihre Arbeit, die romantischsten unter ihnen porträtieren die Silhouette der geliebten Person oder flehen sie an: »Schön bist du wie der Mond/Ich sehe dich jede Nacht.« Ein privates und berührendes steinernes Tagebuch vergangener Leben.

Adresse Val Rio Bianco, 38030 Panchià (TN) | **Anfahrt** Bus Trento–Predazzo (www.ttesercizio.it/extraurbano), von Panchià aus dem Wanderweg 510 bis zur Schotterstraße von Tesero folgen (20 Minuten) und rechts in Richtung des Flusses Rio Bianco abbiegen, am Eingang der Schlucht erste Inschriften (15 Minuten) | **Tipp** Im Val Boneta liegen die Gruben des Bòl de Bessa, aus denen man den Hämatit gewann (Wanderweg 509 von Ziano, Fraktion Maso Valaverta, 1 Stunde).

49 Die Kaserne der Champions

Gewehr und Eispickel

Seit 1920 existiert die Caserma Macchi, damit ist sie die älteste Gebirgsjägerschule der Welt. Eigentlich gibt es zwei auf alpinistische Ausbildung spezialisierte militärische Einheiten: das »Centro di Addestramento Alpino« der Polizia dello Stato in Moena und die »Scuola alpina delle Guardia di Finanza« hier in Predazzo. Beide sind auch im zivilen Bereich Vorzeigeeinrichtungen, insbesondere seit 1965 der Gebirgsrettungsdienst der Finanzwacht eingerichtet wurde. Neben der Grenzsicherung absolviert diese Einheit auch lebensrettende Einsätze bei Bergunfällen oder Naturkatastrophen. Vor allem im Winter beim Abgang von Lawinen, wofür 1925 eine Spezialeinheit namens »Gruppo Sciatori Fiamme Gialle« aufgebaut wurde, die heute dem Oberleutnant der Gebirgsjäger Ottavio Berard untersteht.

Die jungen, kraftstrotzenden und passionierten Männer und Frauen der Einheit sind auch im Hochleistungssport bekannt. In den 1970er Jahren gab es eine italienische Siegesserie, verkörpert durch den Brigadier Gustav Thöni, den viermaligen Weltcupsieger und Olympiasieger im Riesenslalom, oder den Obergefreiten Piero Gros, auch er Weltmeister und Olympiasieger in dieser Disziplin. Ab 2001 erstritten sich auch Frauen wie Isolde Kostner ihren Platz im Sportteam. Abgesehen vom Skisport hat insbesondere die Polizeischule in Moena eine Gruppe von Spitzenkletterern hervorgebracht. Unter der Leitung von Bepi De Francesch erschloss diese in den 1970er Jahren kühne Wege des sechsten Grades, damals die höchste Schwierigkeitsstufe.

Unter dem Vorwand, seine Schüler zu trainieren, wählte De Francesch die geeignetsten Seilschaftspartner unter ihnen aus. Die Route »Italia 61« in der Sellagruppe mit dem berühmten, neun Meter hervorspringenden Dach ist eine Herausforderung, die ihn lange gereizt hatte und die zu Ehren des 100. Jahrestags der Einheit Italiens von der Gruppe erklettert wurde.

Adresse Caserma Giovanni Macchi, Via Fiamme Gialle 8, 38037 Predazzo (TN), Tel. +39/0462/501661 | Anfahrt Bus 101 Cavalese–Canazei (www.ttesercizio.it/extraurbano) | Öffnungszeiten Mo–Do Eintritt um 10 und 14.30 Uhr, Fr um 10 Uhr, Sa, So nur Gruppen nach Reservierung | Tipp Die Geschichte der Caserma Macchi wird heute im Historischen Museum der Guardia di Finanza von Predazzo erzählt (innerhalb der Kaserne), ein zweiter Sitz ist in Rom (www.museostorico.gdf.it). Am Rollepass finden die Rettungseinsatzübungen der Guardia di Finanza und der Hundestaffeln zum Auffinden von Lawinenopfern statt.

50__Der Klang der Fichten

Die Resonanzböden von Ciresa

Die Herstellung von Resonanzböden und Harmonien hat im Fleimstal eine lange Tradition. Der große Stradivari höchstselbst soll einst im Wald von Paneveggio die schönsten Fichten für den Bau seiner Violine ausgesucht haben. Eine eher zweifelhafte Anekdote, die aber viel über die handwerkliche Meisterschaft dieser Gegend aussagt, die sich in den 1920er Jahren mit den Firmen Delmarco und Bozzetta institutionalisierte. Enrico Ciresa ging bei ihnen in die Lehre, bis er sich 1952 selbstständig machte.

Heute ist nur seine Firma »E. Ciresa« verblieben. Sie bringt es auf eine Produktion von jährlich über 180.000 Resonanzböden, die zum Beispiel im Bechstein-Flügel der Kathedrale von Oxford oder im Fazioli-Modell im Wohnzimmer des Tenors Andrea Bocelli zu finden sind. Es gibt Pfeifenorgeln der Marke Ciresa im Gebiet von Tesero, etwa im malerischen Weiler Carano, aber auch im Baptisterium von Pisa. Das Geheimnis ihrer besonderen Schwingungen ist das Holz.

Jedes Jahr lässt die Magnifica Comunità des Fleimstals 40.000 Kubikmeter Wald fällen, wovon Ciresa 400 erhält, also etwa eine Fichte von tausend. Damit sich Holz in Musik verwandeln kann, ist eine strenge Auslese erforderlich: Der Baum muss langsam und ohne Störungen in 1.400 bis 1.900 Höhenmetern an einem Nordwesthang gewachsen sein und darf nicht mehr als 150 Jahre alt sein. Das Ringmuster des Stamms sollte dicht, regelmäßig, makellos und knotenfrei sein. Manchmal finden sich noch Kugeln aus dem Ersten Weltkrieg im Holz, die seine Qualität verringern, aber so etwas lässt sich nicht voraussehen. Der benötigte Durchmesser des Stammes hängt vom Instrument ab, das gebaut werden soll. Ein Cello unterscheidet sich von einer Harfe oder einem Cembalo.

Heute hängen im Tresorraum die keilartigen Radialschnitte von etwa 10.000 Geigen. Da es sich außerdem um die einzige Firma handelt, die Resonanzkörper restaurieren kann, treffen hier Instrumente aus der ganzen Welt ein.

Adresse Ciresa Enrico s. r. l., Fraktion Piera 18, 38038 Tesero (TN), Tel. +39/0462/813262, www.ciresafiemme.it | Anfahrt Bus 101 Cavalese–Predazzo (www.ttesercizio.it/extraurbano) | Tipp »Pezo del Gazolin« ist der Name einer über 200 Jahre alten und 30 Meter hohen Fichte, die den Sturm Vaia überstanden hat. Man erreicht sie vom Ortsteil Cascata aus über einen gut ausgeschilderten Forstweg, wenn man den Wegweisern zum »albero monumentale« folgt. Der Spaziergang ist auch für Kinder geeignet. Der Baum wächst jedes Jahr etwa 30 Zentimeter.

51 Der mahnende Christus

Sonntagsarbeit verboten!

An der Piazza von Tesero steht eine Kapelle mit einem wohl einzigartigen Fresko an der Fassade. Sie liegt direkt an der Provinzstraße des Fleimstals, dort, wo früher die Bauern, Hirten, Holzfäller und Handwerker vorbeizogen. Im Zentrum des Freskos der Kapelle des heiligen Rochus befindet sich Christus mit erhobenen Händen und sieht uns mit leicht geneigtem Kopf an.

Für die Vorbeigehenden war die Botschaft damals klar: Sonntagsarbeit ist verboten! Dies ist nicht die Hauptkirche des Orts, ihr Zweck bestand nicht darin, die Gläubigen zum Gebet zu laden, sondern sie sollte ihnen eine Mahnung sein, was aus der noch lesbaren lateinischen Inschrift hervorgeht, die übersetzt lautet: »Neben allen anderen lästerlichen Dingen heiligt ihr nicht den Sonntag. Vielmehr arbeitet ihr am Sonntag wie an allen anderen Tagen und begeht jede Art von Sünde.«

Ähnliche Abbildungen gibt es im Alpenraum viele, und alle gehen auf das 14. bis 16. Jahrhundert zurück. Es waren Aufrufe für die Talbewohner, die Analphabeten waren, aber die Bedeutung der Figuren verstanden. Sie waren der Kirche nicht fromm genug und gingen wahrscheinlich auch nicht zur heiligen Messe. Die kargen Erträge der Gebirgslandschaft bedeuteten für die Familien einen Kampf um das tägliche Brot, der keine Feiertage zuließ. Aus diesem Grund sah sich der Priester gezwungen, einen *frescante* zu beauftragen, wie die fahrenden Maler genannt wurden (siehe Ort 87). Der Geistliche hat sicher auch das Thema dieses Freskos bestimmt, auch wenn als Auftraggeberin die Witwe eines Schmiedes aus Canazei gilt.

Das Datum der Malerei, 1557, ist auf dem Sockel des Betpults der Madonna in der oberen Szene der Verkündigung verewigt. Wenn man sich diesen von Arbeitsutensilien umgebenen Jesus ansieht, könnte man ihn sich als frühzeitigen Gewerkschaftler vorstellen. Dabei geht es hier freilich weniger um den Ruhetag der Arbeiter, sondern vor allem um Frömmigkeit und Unterwerfung.

Adresse Via Noval 1, 38038 Tesero (TN) | Anfahrt Bus Trento–Predazzo (www.ttesercizio.it/extraurbano) | Öffnungszeiten von außen immer einsehbar | Tipp In den Straßen des Ortes gibt es weitere Wandbilder, einige in der Via Stava, darunter ein großer Christophorus an der Flanke der Pfarrkirche Sant'Eliseo gleich neben der Kapelle.

52 Der legendäre Kletterschuh

Eine Familiengeschichte

Ein Schuster und seine Familie aus dem kleinen Holzfällerdorf im Fleimstal haben im Laufe von zwei Generationen den internationalen Alpinismus umgekrempelt. Narciso Delladio hatte das Handwerk vom Vater erlernt. Ihn zeichnete das Gespür für innovative Lösungen aus, die sich als sehr praxistauglich herausstellen sollten. Die erste Idee hatte er 1928, als er ein Paar Stiefel mit einem hinten gekreuzten Schnürsystem auf der Mailänder Messe vorstellte. Sohn Francesco nahm diesen Gedanken in den 1980er Jahren wieder auf, um die »Mariacher« zu schaffen, bahnbrechende Schuhe, die dem Klettersport neue Horizonte eröffneten und dem Unternehmen fortan einen jährlichen Umsatz von etwa 100 Millionen Euro bescherten.

Anstatt eines schweren Stiefels kommt leichtes Oberleder in knalligem Gelb und Violett zum Einsatz. Es ist besonders anschmiegsam, und die Füße gleiten mühelos hinein. An der Entwurfsgestaltung war mit Heinz Mariacher einer der größten Kletterer seiner Zeit beteiligt. Um eine Sohle zu erschaffen, die gut am Stein haftet, erforschte man das Verhalten des Gummis der Formel-1-Reifen. Das Endergebnis konnte sich nicht nur sehen lassen – es verlieh den Füßen der Kletterer Flügel. Auch denen Manolos, der die Schwierigkeitsgrade im Fels binnen kurzer Zeit neu definieren sollte. Der Schuh sorgte für einen Paradigmenwechsel und machte den Klettersport wettbewerbsreif, seit 2020 ist er olympische Disziplin.

Lorenzo, Francescos Sohn, eröffnete im neuen Jahrhundert das Karbonzeitalter. Von Lino Lacedelli, dem Erstbesteiger des K2, über Reinhold Messner und Simone Moro kamen alle bedeutenden Himalaja-Bergsteiger hierher, um sich maßgefertigte Kletterschuhe machen zu lassen. Auch wenn »La Sportiva« heute eine internationale Holding ist, hat sie trotz ihrer Bedeutung den Familiengeist und den Kontakt zu den Bergsteigern und Kletterern nie verloren.

Adresse La Sportiva, Via Ischia 2, 38030 Ziano di Fiemme (TN), Tel. +39/0462/570940, www.lasportiva.com | Anfahrt Bus Trento–Predazzo (www.ttesercizio.it/extraurbano) | Öffnungszeiten Factory Shop: 9–12 und 15.30–19 Uhr (Do und So geschlossen) | Tipp Neben dem Shop befindet sich das Sägewerk der Magnifica Comunità (siehe Ort 46), dem historischen Zusammenschluss von Gemeinden, die sich seit 1111 um die Forste des Fleimstals kümmert, wie das Wappen über dem Eingang (Via Stazione 21) verdeutlicht.

53 Der Campanile

Barfüßiger Bergsteiger im Val Montanaia

Felsnadeln, *Campanili,* sind das Resultat der ganz besonderen Morphologie der Dolomiten. Eine der spektakulärsten liegt im Val Montanaia, einsam emporragend inmitten eines Moränentals, das von den Zinnen des Monfalconi beherrscht wird. Die schlanke Gestalt des etwa 300 Meter hohen Monolithen hat schon früh das Interesse der Bergsteigergemeinde geweckt. 1902 bestiegen ihn die Österreicher Wolf von Glanvell und Karl von Saar, wenige Tage nachdem die Triestiner Cozzi und Zanutti die Schlüsselpassage »V-«, auch »Cozzi-Kluft« genannt, erklommen hatten, ohne allerdings die Spitze des Campanile in Angriff zu nehmen.

Der Schriftsteller und Bildhauer Mauro Corona (siehe Ort 54), der in der Gegend zu Hause ist, hat die Felsnadel 200 Mal bestiegen und sehr schwierige Steige eingerichtet. Er bildet das Ende einer langen Kette von Aufstiegsversuchen: Severino Casara, ein großer Bergsteiger seiner Zeit und Begleiter von Emilio Comici behauptete, 1925 die steil abfallende Nordwand barfuß erklettert und damit eine legendäre Traverse absolviert zu haben, die in das Standardwerk »Le Dolomiti Orientali« (1928) von Berti aufgenommen wurde. Daraufhin versuchte sich die internationale Klettergemeinschaft an der Wand, aber weder Attilio Tissi noch Raffaele Carlesso oder Tita Piaz (siehe Ort 40) gelang es, die Passage zu überwinden, sodass die Glaubwürdigkeit Casaras angezweifelt wurde. Dessen Kletterroute wurde erst sechs Jahre später, 1931, von Celso Gilberti erstiegen, der etliche Schutzanker hinzufügte. In den Geschichtsbüchern halten sich die Zweifel an der Barfuß-Traverse Casaras bis heute.

Unzweifelhaft ist, dass das (behauptete) tollkühne Unterfangen die Popularität des Campanile steigerte. Dank besserer Technik und Ausrüstung entstanden weitere Routen auf beiden Seiten des Campanile. Aber der klassische, noch heute am meisten begangene Steig bleibt der von 1902 mit der berühmten Cozzi-Kluft.

Adresse Rifugio Pordenone, 33080 Cimolais (PN), Tel. +39/0427/87300, www.rifugiopordenone.it | **Anfahrt** von der Hütte Pordenone dem Weg 353 zum Sockel des Campanile folgen (2 Stunden, Höhenunterschied 500 Meter) | **Tipp** Jenseits des Stausees Lago di Barcis liegt die Schlucht Forra del Cellina. Um dorthin zu gelangen, muss man die Brücke über den Staudamm von Antoi überqueren und die alte, für Kraftfahrer geschlossene Straße des Val Cellina nehmen (www.parcodolomitifriulane.it).

54 Die Hütte des Poeten

Holz, Stein und Papier

Ein *Homo faber*, ein *Homo selvaticus* lebt hier oben so spartanisch, als wäre er keine Berühmtheit in Italien. Um Mauro Corona anzutreffen, muss man sich ins Val Zemola begeben, dort eine gewundene Gebirgsstraße ohne Leitplanken nehmen, von der aus die Wege abgehen, die in die Welt des Schriftstellers führen.

Der Barde der Wälder und Felsen, des Schnees und der Bäche kommt oft hier herauf, um neugierigen Blicken zu entgehen. Wir treffen ihn bei einem Glas Rotwein am roh behauenen Tisch der Schutzhütte Casera Mela, die von seinem Cousin Davide betrieben wird. Gegenüber, jenseits des Felsvorsprungs, liegt der Hausberg, den Corona Dutzende Male erklettert und dabei erschlossen hat.

Der Mann mit der göttlichen Feder und den zupackenden Pranken hat eine Tasche mit Notizheften dabei, in denen sich handgeschriebene Erzählungen befinden, die sein neustes Werk bilden sollen. Die ordentliche und winzige Schrift mit wenigen Ausbesserungen scheint einer anderen Epoche anzugehören. Es ist erstaunlich, wie die Finger, die daran gewöhnt sind, zu klettern und Holz zu spalten, den Stift mit so viel Verve führen. Das Holz spaltet Corona für den kalten Winter in den Friauler Dolomiten, seine Hände formen es aber auch zu schönen Skulpturen.

Bevor er sich dem Papier zuwandte, war er nämlich ein gefragter Bildhauer – seinem Material ist er also in gewisser Weise treu geblieben. Er harrt bei den Letzten aus, den wenigen Bauern, die noch in den Weilern Erto und Casso leben, wo man sich im Winter nach getaner Arbeit in der einzigen Kneipe trifft. Das Gebirge bildet hier eine unüberwindliche Grenze, und Corona erinnert sich noch an seine Enttäuschung, als er mit acht Jahren den Opa auf den Gipfel des Bergs Zita begleitete: Rundherum sah er nur Berge. »Ich hatte mir eine weiße Ebene vorgestellt …« Nur die Phantasie konnte diese Barriere überschreiten und die dahinter liegende Welt mit einzigartigen Erzählungen bereichern.

Adresse Rifugio Casera Mela, Strada Val Zemola, 33080 Erto e Casso (PN), Tel. +39/333/7857908, www.caseramela.it | Anfahrt aus dem Friaul kommend von der Autobahnausfahrt Pordenone den Schildern nach Maniago und Montereale Valcellina bis Erto folgen; aus Venetien kommend Ausfahrt Pian di Vedoia nehmen, weiter nach Longarone-Erto, von Erto circa 3,5 Kilometer in Richtung Val Zemola | Öffnungszeiten Juni–Sept. | Tipp Der pittoreske Ort Casso mit seinen urigen Steinbauten erwacht im Sommer durch Darbietungen von Künstlern und öffentlich zugänglichen *casere* mit typischen Almprodukten zum Leben (www.dolomiticontemporanee.net).

55 Die Kinder vom Zoo Erto

Adrenalinkick in der Vertikalen

In den frühen 1980er Jahren, mit dem Aufkommen der ersten modernen Kletterschuhe Marke Mariacher, fand sich eine Gruppe Jugendlicher zusammen, die eine unbändige Leidenschaft für das Klettern einte. Ihre Mitglieder suchten hier am Fels eine Freiheit, die ihnen die Arbeit in der Fabrik oder das Studium an einer Universität nicht geben konnten.

Der »Zoo von Erto«, wie die Gruppe den Fels nahe der Vajont-Staumauer als Hommage an den Film »Die Kinder vom Bahnhof Zoo« (1981) taufte, wurde bald zum Zentrum experimenteller Kletterrouten am Rand des Möglichen, bot bergsteigerische Grenzerfahrungen. Die Gruppe bestand aus Mauro Corona, Manolo, Pietro Dal Pra, Sandro Neri, Icio Dall'Omo, Roberto Bassi, Luca Zardini und Gerhard Hörhager, von denen einige später berühmt wurden. Ihr Leben war eine Art russisches Roulette, wie Manolo in seiner Autobiografie mit dem sprechenden Titel »Eravamo immortali« (2018) ironisch anmerkt. Alle einte eine Mischung aus Energie, Unerfahrenheit und Träumerei, das Glück, athletisch gebaut zu sein, und der Drang nach dem Wagnis zwischen einem Glas Wein, einem Mädchen, einer Fahrt per Anhalter und endlosem Biwakieren im Schlafsack.

Als Icio Dall'Omo damals zum ersten Mal nach Molièsa zu Mauros Kletterberg gelangte, begann er damit, Wege auf der UICC-Schwierigkeitsskala 7 bis 8 wie »Pip Crash« und »Mani di Clown« von unten zu erschließen. »Das war für die damalige Zeit Avantgarde«, erinnert sich heute Sandro Neri, »wir waren wie berauscht von den Bergen. Man versuchte sich an neuen Routen im Sektor, wobei uns allmählich dämmerte, welchen Nutzen On-Sight-Begehungen (Routen, die ohne Sturz in einem Zug durchstiegen werden) erfüllten«, die bald zur wahren Herausforderung avancierten und auch den tschechischen Champion Adam Ondra reizten. Im Jahr 2009 flog er nach Erto und »befreite« die »Grande Linea dei Sogni« (9a). Die Legende dieses unglaublichen Zoos lebt.

Adresse Falesia di Molièsa, SR251 Kilometer 97, 33080 Erto e Casso (PN) | **Anfahrt** Bus 69 von Belluno und Longarone (www.atap.pn.it), Kletterwand links, gleich nach der Staumauer von Vajont (von Longarone kommend); zwei Sektoren: links »Big« mit den schwierigsten Routen, rechts »No Big« mit Routen der Schwierigkeitsgrade 3a–6b | **Tipp** Die Trattoria Cervo Bianco in Erto, die von Mauro Corona empfohlen wird, bietet typische einfache Küche und ist ganzjährig geöffnet (www.cervobiancoerto.it).

56 Die bäuerliche Küche

Kühe und Gourmets

Bis auf den unvermeidlichen Komfort hat sich das Leben auf den Bauernhöfen im Gadertal kaum verändert. Davon zeugt die Familie Nagler, seit zwei Jahrhunderten Inhaber des Runch Hofs, in der heutigen Generation bestehend aus Enrico, Maria, fünf Kindern und elf Enkeln.

Zum Hof der Familie gehören die Wohnung, der Stall, der Heuschober, ein Gemüsegarten und ein großes Grundstück mit steilen Wiesen, die zweimal im Jahr gemäht werden. Nach den strengen ladinischen Regeln werden Bauernhöfe ausschließlich dem Erstgeborenen vererbt, ob dieser nun will oder nicht. Aber die Bewirtschaftung eines Hofes lernt man im Gadertal schon von klein auf, und jedes Familienmitglied nimmt daran teil und bringt seine Talente ein.

Marias Talent hat sich in der Küche offenbart, als das alte Gehöft vor 25 Jahren in einen Gasthof umgewidmet wurde. Die *cajoncie* (Ravioli) und die frittierten *tutres* (Teigtaschen) sind ihre Spezialität, und alle hören auf ihr Kommando, wenn es darum geht, die Teigstücke zu Ravioli zu formen, die eine Ricotta-Spinat-Füllung bekommen. In die Fließbandproduktion ordnen sich der Ehemann und die Söhne Christian und Thomas, die beide Köche sind, täglich widerstandslos ein. 350 *cajoncie* werden stündlich produziert und auf langen Brettern mit einem Küchentuch bedeckt an den Bänken und Tischen in der Küche angeordnet, die wie die Stube und die Holzverkleidungen nach Zirbelkiefer duften.

Von den Fenstern der Veranda schweift der Blick über das mittlerweile dicht mit Häusern bestandene Tal und bleibt an der Festung des Heiligkreuzkofels hängen – eine einmalige Aussicht. Das allgegenwärtige Kruzifix erzählt von Frömmigkeit, von einer bäuerlichen Welt, die zwar die Armut hinter sich ließ, nicht aber die Mühen eines arbeitsreichen Lebens, das, von einer anspruchsvollen und strengen Erziehung geprägt, hochwertige Erzeugnisse zu bilden imstande ist.

Adresse Runch 11, 39036 Abtei (BZ), Tel. +39/0471/839796, www.masorunch.it | Anfahrt Bus 170 von Bozen; Bus 350 von Waidbruck (www.sii.bz.it) | Tipp Ein weiterer uriger Bauernhof, der um das Jahr 1000 entstanden ist, ist der Alfarëi Hof der Familie Piccolruaz oberhalb von St. Leonhard in Abtei. Hier gibt es Abendessen nach ladinischer Tradition (Alfarëi 7, Tel. +39/339/4692454).

57__Der Schmiede-Künstler

Alle Farben dieser Welt

Er war schon immer ein Schmied, und trotz seiner pechschwarzen Augen ist er durch und durch Ladiner.

Das Eisen formt Adalbert Tolpeit noch immer, nur kombiniert er es inzwischen mit Holz. In dieser Verbindung entstehen Alltags- und Einrichtungsgegenstände wie Stühle, Tische, Bilderrahmen oder Lampen, die in seinen Händen zu Kunstwerken werden. Er arbeitet die Maserungen mit hellen Tönen heraus, denn für ihn ist Natur vor allem Farbe. Seine Familie stammt aus Wengen, und die Almen dieser Gegend spiegeln sich mit ihren Bäumen, Blumen und Wildbächen sowie dem hellblauen Himmel in seinen Kreationen wider.

Die Einfarbigkeit von Gittern und Toren hat ihn irgendwann ermüdet. Er fühlte, dass es Zeit war, sich auf die Suche nach verborgener Schönheit zu machen und diese mit seinen Werken ans Licht zu bringen. Er folgt seitdem seinen kreativen Eingebungen mit großer Leidenschaft und formt die Materie nach einer sehr persönlichen, keinem Stil-Kanon verpflichteten Auffassung von Schönheit. Seine Kreationen haben keine geraden Kanten, sie zeigen sich gern verwinkelt und krumm. Er erschafft sie aus unterschiedlichen Holzsorten, wichtig ist für ihn nur, dass der Baum schnell gewachsen ist, vielleicht auf einer sonnigen Wiese, weil dann die Maserungen schön breit sind. Der unbefangene Umgang mit Farbe, die auf Formen wie Kleidermodelle und Schuhe – auch diese fertigt er selbst – aufgetragen wird, erinnert an Mode- und Designlinien. Und tatsächlich ist sein heimlicher Traum, einmal das Innere eines Ferraris zu designen, ist er doch ein großer Fan des Rennstalls. Und wer weiß, ob es ihm nicht irgendwann gelingt, denn wie bei jedem echten Künstler kennt seine Kühnheit keine Grenzen.

Die an der Bundesstraße gelegene Zimmerei ist mittlerweile ein Atelier, eine kreative Schmiede für Objekte, Worte und Talismane, die von der Vielseitigkeit eines Künstlers und seinen inneren Dämonen erzählen.

Adresse Adalbert Tolpeit Design, Pidro 16 (zwischen den beiden Brücken), 39030 Pederoa (BZ), Tel. +39/333/2915358 | **Anfahrt** Bus 460 von Bruneck (www.sii.bz.it)
Tipp Fast direkt gegenüber, im Gewerbegebiet Pederoa (Pidro 13), liegt die historische Tiroler Kunstweberei Nagler (www.tessituranagler.com).

58_Der Kaiserschmarrn

Ein süßer Kreuzweg

Das Schutzhaus Santa Crusc (ladinisch für »Heiligenkreuz«) ist bei Sonnenuntergang besonders schön, wenn das Gebirge dahinter im Alpenglühen erstrahlt. Es ist der magische rosa Firnis der *enrosadira*, den die Sonne dann auf die Berge des Villnößtals gießt. Die Felswände nehmen sich hinter dem Schattenprofil des Turms der nahen Kirche genauso mächtig aus wie die drei Holzkreuze, die unheimliche Schatten auf den Weg werfen. Dieser Eindruck wird noch stärker, wenn man unter ihnen hindurch zu den Tischen des ehemaligen Pilgerheims unterwegs ist, um dort den berühmten Kaiserschmarrn zu probieren. Die religiös-strenge Aura des Gebirges macht uns etwas befangen, bis uns ein Mädchen mit charmantem Lächeln und einem Tablett wieder auf den Boden der Tatsachen bringt. Zur Süßspeise wird Preiselbeermarmelade gereicht. Vielleicht liegt es auch an der reizvolle Umgebung, aber dieser auf 2.000 Meter Höhe servierte Kaiserschmarrn gilt als der beste im Val Badia.

Der Inhaber, der sich nun zu uns setzt, trägt die charakteristische blaue Schürze der Ladiner und den Hut aus Walkloden nicht für die Touristen, sondern weil es die Kluft einer Generation ist, die seit ihrer Kindheit auf dieser heiligen Anhöhe lebt. Er erzählt dies lächelnd mit einem Glas Rotwein in der Hand, jetzt, da er im Ruhestand ist. Aber die vielen Falten seines sonnenverbrannten Gesichts sprechen von einem entbehrungsreichen Leben, als es weder Tourismus noch die Sesselbahn gab, die heute bequem heraufführt.

Söhne und Enkel knüpfen an eine Tradition der Gastlichkeit an, die vor fünf Jahrhunderten begann. Für die Talbewohner bleibt dies eine Pilgerstätte, ein Zufluchtsort der Ruhe und Spiritualität. Denn hier begegnen sich gleich drei Kreuzwege, von denen der Wanderweg 15 nach Wengen, der durch die Weiden von Armentara verläuft, wohl der mit der besten Aussicht ist. Im Ganzen etwa zehn Kilometer – Zeit genug, um den Kaiserschmarrn zu verdauen.

Adresse Heiligkreuz-Schutzhaus, Pedratsch, 39036 Abtei (BZ), Tel. +39/0471/839632839874, www.lacrusc.com | **Anfahrt** Bus 460 von Bruneck (www.sii.bz.it); von Abtei die beiden Sessellifte Heiligkreuz und La Crusc (www.santa-croce.it); von St. Leonhard über den Wanderweg 7 (knapp 2 Stunden) | **Öffnungszeiten** Mitte Dez.–Mitte April und Mitte Juni–Mitte Okt. (www.lacrusc.com) | **Tipp** An der Felswand oberhalb des Heiligkreuzkofels überwand Reinhold Messner 1968 den damals höchsten Schwierigkeitsgrad 6, als er die »unmögliche Passage« am Mittelpfeiler in einer Rotpunkt-Begehung knackte, die heute Messner-Platte heißt.

59__Das Bergsteigerdorf

Longiarù ist kein Museum

Dieses Dorf ist eigentlich eine Ansammlung von Berghöfen, die man auf Ladinisch »viles« nennt und die sich im abgelegenen Campilltal ohne große Straßen und Kommunikationswege besonders gut erhalten haben. Longiarù liegt inmitten von Wäldern, die es vom Gadertal abschneiden, im Hintergrund erhebt sich die Puezgruppe, die natürliche Grenze zum Grödnertal und zu den Gipfeln der Geislergruppe. Die Almwirtschaft hat Longiarù zu einem der bezauberndsten Orte der Dolomiten gemacht. In der Abgeschiedenheit des Tals haben sich die beiden Fraktionen Seres und Miscì perfekt konserviert und wurden bisher vom Tourismus verschont, der hier nie übermäßig auftritt. Aus diesem Grund hat der Südtiroler Alpenverein den Ort, der eine Art lebendiges Museum der ladinischen Kultur ist, zum »Bergsteigerdorf« gekürt.

An den Tischen des Lüch de Vanc vor einem Teller Knödel sitzend, sollte man sich vom Anschein einer Osteria nicht täuschen lassen, denn die Arbeit basiert hier auf dem Modell des Berghofs, auf der Fähigkeit einer Familie, vollkommen autark zu leben. Um einen Eindruck davon zu bekommen, muss man nur die Treppen zum Keller hinuntersteigen, wo der Speck zum Reifen hängt.

Ein Spaziergang inmitten der alten Häuser ist nicht nur malerisch, sondern auch sehr lehrreich. Die ländliche Architektur dieser Gegend wurde von der Forschung lange vernachlässigt und gilt heute als Paradebeispiel für das Zusammenleben von Mensch und Natur, wobei sich auch in den schlichtesten Details effiziente technische Lösungen verbergen, die über die Jahrhunderte verfeinert wurden. Es wäre wirklich schade, diese Schönheit zu verlieren, nur weil sich die Umstände, denen sie ihre Entstehung verdankt, gewandelt haben. Die Initiative dieses Museumsdorfes, das kein Museum ist und sein will, ist überaus verdienstvoll und sensibilisiert Alpinisten, neben ihren Gratwanderungen die anthropologischen Aspekte der Gebirgswelt nicht zu vernachlässigen.

Adresse Strada Seres–Miscì 22, Longiarù, 39030 St. Martin in Thurn (BZ), Tel. +39/0474/590108 | Anfahrt Bus 460 von Bruneck bis zur Abzweigung bei St. Martin in Thurn oder Bus 464 (www.sii.bz.it) | Tipp Der Wanderweg »Mühlental« zwischen Seres und Miscì führt an zwölf Holzmühlen vorbei, die die Berghöfe damals mit Energie und Wasser versorgten. Jede Familie hatte eine, im Sommer werden sie in Betrieb genommen (Informationen im Tourismusbüro von St. Martin in Thurn).

60 Biken mit Maria Canins

Eine Radtour für Champions

Maria Canins (geboren 1948) ist eine Legende des Frauenradsports, gewann sie doch zweimal die Tour de France, einen Giro d'Italia und mehrere Skilanglauf-Wettbewerbe, darunter mit dem »Vasaloppet« einen der härtesten der Welt.

Sie wuchs in einfachen Verhältnissen auf einem Hof im Gadertal auf und hatte bei ihrem harten Training nie Zeit für Starallüren, was auch ihre entwaffnende Bescheidenheit erklärt. Ihr 2016 bei einem Fahrradunfall verstorbener Ehemann Bruno, ebenfalls ein großer Sportler, sagte von ihr: »Wenn wir trainieren, muss sie sich nicht bemühen, mit mir mitzuhalten, sondern ich muss sehen, dass ich vor ihr bleibe!« Die »fliegende *mamma*«, wie sie ein Reporter einmal wegen ihrer legendären Endspurts nannte, ist heute Fan des E-Bikes. Aber niemand sollte denken, dass Maria Canins alt geworden ist. Wer das behauptet, sollte versuchen, auf dem Singletrack des Gadertals mit ihr mitzuhalten, wenn sie die Berge des Villnößtals durchfährt, zur Dibona-Hütte hochjagt, in St. Kassian hinuntersaust, wieder den Waldweg von Pralongià einschlägt und am Ende insgesamt 2.500 Höhenmeter zurückgelegt hat. Canins liebt es, ungebunden zu sein und sich die Welt aus der luftigen Perspektive von Sella, Langkofel, Marmolata und der Tofane-Gruppe zu beschauen. Dass sogar sie gelegentlich müde Beine bekommt, entzaubert den Mythos des mühelosen Fahrens mit dem E-Bike.

In ihrer schlichten, generösen und hartnäckigen Art trinkt Maria morgens einen großen Kaffee und schwingt sich in den Sattel. Heute führt sie Fahrradgruppen von einer Berghütte zur anderen. Dabei achtet sie natürlich darauf, wie trainiert die Teilnehmer sind, aber 1.000 Höhenmeter wollen mit ihr schon überwunden werden. Denn auch wenn das E-Bike hilft, sollten die Teilnehmer am Ende doch stolz auf das Geleistete sein. Man sollte auf dem Rad schon etwas bewandert sein, damit man nicht nur hinauf-, sondern auch wieder heil hinunterkommt.

Adresse Hotel Pider, S. Senese 22, 39030 Wengen (BZ), www.pider.info | Anfahrt Bus 460 von Bruneck (www.sii.bz.it) | Öffnungszeiten Anmeldung für eine Tour mit Maria Canins unter Tel. +39/0471/843129 | Tipp Maria Canins organisiert auch Ausflüge mit normalen Fahrrädern. E-Mountainbikes können neben den Verleihstationen im Tal auch am Gipfel der Talbahn Piz La Illa oberhalb von Abtei sowie in Piz Sorega oberhalb von St. Kassian gemietet werden.

61 Die Türme von Tolpei

Zwei campanili für einen Weiler

Ein Wanderweg führt von Wengen zur auf einer Anhöhe über dem Val Badia gelegenen Kapelle der heiligen Barbara. Man wandelt hier gleichzeitig auf den Spuren der Bergarbeiter aus den nahen Silberminen. Sie errichteten die kleine Kirche 1491 und weihten sie ihrer Schutzpatronin, der heiligen Barbara. Heute gelangt man in der Regel von unten zur Kapelle, sodass sich der Kirchturm reizvoll gegen den Himmel und die dahinter liegenden Wälder abhebt. Früher jedoch erreichte man den Ort von oben, nämlich von St. Vigil über den Pass Ju de Rit, um zu den darunter liegenden Weiden zu kommen.

Das Dorf Wengen war das letzte Areal, das die Hirten von St. Vigil besiedelten. Deshalb kann das Kirchlein der heiligen Barbara auch als Etappenziel auf der Route des kleinen Schafübertriebs betrachtet werden.

Hat man einen Blick in die Kapelle, die an der Außenmauer mit einer Kreuzigung aus dem 16. Jahrhundert versehen ist, geworfen, sollte man noch etwas weiter hinaufgehen. Der mit Eschen beschattete Weg, der zum alten Pfarrhaus führt, endet vor den Überresten der Kirche des heiligen Genesius, von der nur noch der Turm und die Mauerfundamente stehen. Man fragt sich unwillkürlich, weshalb damals zwei *campanili* in einer Gegend mit nur wenigen Gehöften erbaut wurden. Außerdem mutet der Kirchturm von St. Barbara schon ein wenig überproportioniert an …

St. Genesius stammt aus dem 14. Jahrhundert und ist die ältere der beiden Kirchen. Als sich das Tal zu bevölkern begann, wurde man eines Problems gewahr: Man hörte die Kirchenglocken unten im Tal nicht. So wurde der Bau eines neuen Turms näher am Taleinschluss beschlossen. Man ließ fortan die Glocken beider Türme gleichzeitig läuten, was erklärt, weshalb die Uhr des neuen Turms auf den alten ausgerichtet ist. Nun hatten die Gläubigen also keine Ausreden mehr, wenn die Stunde des Gebets schlug.

Adresse Tolpei, 39030 Wengen (BZ) | **Anfahrt** Bus 170 von Bozen; Bus 350 von Waidbruck (www.sii.bz.it) | **Öffnungszeiten** immer zugänglich | **Tipp** Unterhalb des Gasthauses »Al Bagn« liegen die Bäder von Rumestluns, ehemalige Thermalquellen, die von illustren Gästen wie dem Physik-Nobelpreisträger Max Planck aufgesucht wurden. Heute befinden sich hier eine Kapelle und ein Brunnen, aus dem man Wasser schöpfen kann (www.albagn.it).

62_Die verbrannten Skulpturen

Der Bildhauer Aron Demetz

Wie viele junge Menschen des Grödnertals besuchte auch Aron Demetz die Kunstschule in Wolkenstein, um seinen Beruf zu erlernen: Heiligenfiguren entsprechend einer langjährigen Grödner Tradition aus dem Holz der Zirbelkiefer zu hauen. Dass in ihm ein echter Künstler schlummerte, ahnte er damals nicht. Seine Kindheit und Jugend verbrachte er in der freien Natur, beim Holzschlagen im Wald, im Sommer auf der Alm. Er dachte über die Menschen nach, spürte, dass ihn etwas mit Macht in eine bestimmte Richtung zog, verstand es aber erst im Studium an der Akademie der Schönen Künste in Nürnberg. Nun wurde der Mensch zentrales Thema seiner künstlerischen Arbeit.

Anfangs gehörte er zum Kreis der Unika, einer Grödner Künstlerbewegung (siehe Ort 67). Als Mitglied der Gruppe beschichtete er Holz mit lebhaften Farben. Sein erstes Atelier befand sich in der hauseigenen Garage, die sich bald mit Skulpturen füllte: Büsten junger, ihm selbst sehr ähnlicher Männer und nachdenklich dreinschauende, weibliche Figuren. Moderne Plastiken, die die Perfektion der von ihm verehrten griechisch-römischen Statuenkunst aufnehmen, wie er kürzlich in einer Ausstellung im Archäologischen Museum von Neapel eindrucksvoll deutlich machte. Da war Demetz bereits zu dem gereift, was er heute ist: ein Künstler mit einer klaren Vision, bescheiden und selbstbewusst, wie ihn der Kunstkritiker Vittorio Sgarbi beschrieb. 2009 stellte er zum ersten Mal auf der Kunstbiennale in Venedig aus. Sein Verhältnis zur Materie ist mit den Jahren immer komplexer und technischer geworden. Passend dazu verlegte er sein Atelier in das Gewerbegebiet von St. Ulrich. Hierher werden nun die Stämme verbracht, die dann von computergesteuerten Maschinen akkurat bearbeitet werden. Mit der romantischen Vorstellung des Bildhauers hat das kaum noch etwas zu tun, sehr viel aber mit der Ausdruckskraft eines unsteten Künstlers, der sein Material zersägt, aushöhlt und verbrennt.

Adresse Atelier Aron Demetz, Pontives Nord 13 (Gewerbegebiet), 39040 Lajen (BZ), www.arondemtz.it | **Anfahrt** Bus 170 von Bozen; Bus 350 von Waldbruck (www.sii.bz.it) | **Öffnungszeiten** Besichtigungen nach Voranmeldung unter Tel. +39/339/2802583 | **Tipp** Das ehemalige Atelier in Wolkenstein in Gröden (Strada Nives 20), das zeitweise das Wohnhaus des Künstlers war, ist mit seinen »verbrannten« Schränken, den originalen, mit Lack gesprenkelten Fußböden und Skulpturen heute ein Bed and Breakfast (www.artefugium.it).

63__Die Rosenkönigin

Der Zaubergarten von Lotte Wanke

Es gibt nichts Köstlicheres als Vogelbeermarmelade am Morgen. Wenn Lotte Wanke, die Rosenkönigin, das sagt, muss es stimmen. Sie pflückt die vitaminreichen Beeren früh am Morgen, um daraus Gelee und Sirup herzustellen. Am Gartentor kann man Rosenkonfitüre probieren und erwerben.

An Rohstoffen fehlt es ihr nicht, in ihrem Garten stehen 6.000 Rosen, 250 Sorten in mannigfaltigen Farben. Einige tragen so köstliche Namen wie »Caramella«, andere eher exotische wie die majestätische »Kleopatra«. Auf 1.500 Metern über dem Meeresspiegel ist es der höchstgelegene Rosengarten der Alpen. Er gehört zu einem alten Bauernhof, der heute ein Gasthof ist und an einem steilen Hang der Seceda liegt, von dem aus sich die Häuser von St. Ulrich in der Tiefe wie Spielzeug ausnehmen. Lotte Wanke hat viele Jahre harter Arbeit und Leidenschaft investiert, um in ihrem 4.000 Quadratmeter großen Garten Rosen zu züchten sowie Wege und Terrassen anzulegen. Durch die Kletterrosen-Pergola betritt man eine Zauberwelt, die an die Legende von König Laurin und seinen magischen Rosengarten denken lässt, welche nicht zufällig in Südtirol angesiedelt ist.

Als ihre Tochter erwachsen wurde, übertrug Lotte Wanke ihr und ihrer jungen Familie die Leitung des Hofs und zog sich zu ihren Rosen zurück, die sie aus aller Welt bezieht und mit Freesien, Garten-Levkojen, Margeriten und Gardenien umgibt. Aber man sollte hier keinen botanischen Garten erwarten, es herrscht vielmehr kreatives Chaos in diesem wilden und sehr naturverbundenen Labyrinth. Der Weg führt im Zickzack durch Rosenstauden, weicht Schwertlilien aus und berauscht mit alpinen Düften. Auf einer Bank lässt sich die Stille genießen, das Klingen einiger Windspiele sorgt für ein entspannendes Ambiente. Wenn sich im Sommer nach und nach die Blütenblätter öffnen, ist Lotte jedes Mal ergriffen, getreu dem Motto am Eingang des Gartens: »Ein Garten ohne Blumen ist wie ein Leben ohne Liebe.«

Adresse Rosengarten Uhrerhof, Pufels 26, 39046 St. Ulrich (BZ), www.uhrerhof.com | **Anfahrt** Bus 335 von Kastelruth und St. Ulrich (www.sii.bz.it) | **Öffnungszeiten** Juni–Okt. täglich 9–18 Uhr | **Tipp** Der geologische Wanderweg von Pufels zum Panider Sattel zieht jedes Jahr Wissenschaftler aus der ganzen Welt an (Geotrail-Ausschilderung).

64__Die Grödner Bahn

Ruhm und Abstieg einer Bahnstrecke

Der Dampfzug, der von Klausen nach Wolkenstein zuckelte, war lange ein vertrauter Anblick im Grödnertal. Die Strecke zählte stolze 7 Bahnhöfe, 9 Tunnel, 37 Brücken und 3 Viadukte. Um die 31 Kilometer zu bewältigen, brauchte er 2 Stunden und 40 Minuten – er musste schließlich auch 116 Bahnübergänge kreuzen. Dennoch hatten sich die Dörfer im Eisacktal förmlich um das Recht gerissen, den Ausgangsbahnhof der Linie zu stellen. Beschleunigt wurde die Entscheidung durch den Ausbruch des Ersten Weltkriegs, der die Österreicher von der Notwendigkeit überzeugte, eine Schmalspurstrecke zur Truppen- und Gerätebeförderung einzurichten, die über 1.000 Meter Höhenunterschied bewältigte.

Die Arbeiten wurden in großer Eile am 15. September begonnen, und schon am 23. Dezember 1915 fuhr der erste Zug. Filomena Prinoth, eine Frau aus St. Christina, war darüber gar nicht froh, da ihr Garten mitsamt den Blumen und dem Gemüsebeet den Schienen unter ihrem Haus weichen musste. »Es war schaurig, ein Bild der Verwüstung!« An ihr Leid erinnert heute eine der Tafeln im Tunnel unterhalb der Kirche. Sicherlich waren auch die 6.000 kriegsgefangenen Russen und Serben wenig erfreut darüber, als Sklaven für die Errichtung der Bahn herhalten zu müssen. Die Alten des Dorfes erinnern sich noch an die ärmlichen Gestalten, mit denen sich die Bevölkerung solidarisch zeigte. Es gab aber auch prunkvolle Momente, etwa als der Kaiser persönlich im Herbst 1917 mit dem Zug einfuhr, kurz bevor er das Grödnertal und seine Bahntrasse an die Italiener verlor.

Bei einem Gefälle von bis zu 49 Prozent reiste der Zug damals mit 18 Stundenkilometern (bergab mit 20 Stundenkilometern), aber die Hardy-Bremse sorgte zuverlässig dafür, dass er rechtzeitig zum Stehen kam. Die Kinder drückten sich in den Ausbuchtungen der Tunnel an die Wand, um den Kitzel des vorbeifahrenden Zuges zu spüren. Lohn und Beweis dieser Mutprobe war ein rußgeschwärztes Gesicht.

Adresse Paulstraße (unterhalb der Kirche), 39040 St. Christina (BZ) | Anfahrt Bus 170 von Bozen; Bus 350 von Waldbruck (www.sii.bz.it) | Tipp Nur noch eine der einst sieben Lokomotiven ist in der Bahnhofstraße von St. Ulrich zu sehen. Erbaut von der Firma Krauss in Linz im Jahr 1916, wurde sie 2015 restauriert und an der Stelle, wo sie ihre letzte Fahrt antrat, aufgestellt.

65 Das Museum Gherdëina

Der alpine Lifestyle Luis Trenkers

Luis Trenker kennen wir heute als Kleidungsmarke, die den heldenhaften Pioniergeist des Gebirgsregisseurs verkörpern will (»Passion, kühner alpinistischer Geist. Das Erreichen des Gipfels ist uns nicht genug, wir wollen ein Zeichen setzen …«), um Hemden und Pullover an ein modebewusstes Publikum zu bringen. Abgesehen von der Qualität der Artikel drängt sich die Frage auf: Hätte Trenker das gefallen? Diejenigen, die ihm nach seinem Tod im Jahr 1990 eine Sportkleidungs-Kollektion gewidmet haben, sind sich sicher, dass sie den kultivierten Stil des Bergführers mit der Kamera und einem Diplom in Architektur fortführt. Die wahren Leidenschaften Trenkers waren aber die Berge und das Kino.

Eine Gelegenheit, beides zu vereinen, ergab sich 1925, als Trenker mit 33 Jahren als Bergführer für die Aufnahmen zu »Der Berg des Schicksals« des Regisseurs Arnold Fanck angeheuert wurde, mit dem er dann auch als Schauspieler zusammenarbeiten sollte. Wenig später realisierte er seine ersten Filme als Drehbuchautor und Regisseur, sodass auch Hollywood auf ihn aufmerksam wurde.

Im Museum Gherdëina von St. Ulrich eröffnet sich dem Besucher Trenkers überschaubare Heimat anhand von Objekten, Fotos, Fotoapparaten und Klettergerät, das er während der Dreharbeiten verwendete. Die Titel seiner Filme sprechen in der poetisch-schwülstigen Sprache der Zeit von der alpinen Bergwelt: »Der Sohn der weißen Berge« von 1930 oder »Der Berg ruft!« von 1938. Letzterer ist ein Film über den Wettlauf der Erstbesteigung des Matterhorns 1865 zwischen dem Bergführer Jean-Antoine Carrel und Edward Whymper. Als Regisseur wie als Schauspieler sympathisierte Trenker mit dem Italiener Carrel und nicht mit dem englischen »Touristen« Whymper. Auf den Schwarz-Weiß-Fotos allerdings, die den Regisseur Trenker hinter der Kamera zeigen, ist er elegant und casual zugleich gekleidet, wirkt eher wie ein Dandy und nicht wie ein Bergler.

Adresse Museum Gherdëina – Ausstellung und Archiv von Luis Trenker, Rezia-Straße 83, 39046 St. Ulrich (BZ), www.museumgherdeina.it | **Anfahrt** Bus 170 von Bozen; Bus 350 von Waldbruck (www.sii.bz.it) | **Öffnungszeiten** Winter: Di–Fr 14–18 Uhr, Sommer: Mo–Fr 10–12.30 und 14–18 Uhr | **Tipp** Der Flagship-Store der Marke Luis Trenker liegt in Bozen, unterhalb der Bogengänge in der Waltraud-Gebert-Deeg-Straße 4 (www.luistrenker.com).

66 Die Puppen von Judith

... und das Bestiarium von Franz

Mit ihrem Beruf würden alle Kinder sie gern als Mutter haben. Als Tochter des Bildhauers Guido Sotriffer wuchs Judith inmitten der Spielzeuge des Großvaters auf, eines fahrenden Händlers, der wie der Weihnachtsmann mit einem Korb durch die Täler zog und Schaukelpferde, Handpuppen mit gelenkigen Beinen und Armen, flügelschlagende Vögel und überhaupt alles zu den Kindern brachte, was man mit einem einfachen Mechanismus bewegen konnte.

Hierzu muss man wissen, dass die Spielzeugherstellung im Grödnertal eine lange Tradition hat, die auf das 17. Jahrhundert zurückgeht. Um 1900 wurde dieser Umstand über das Tal hinaus in ganz Europa bekannt. Zahlreiche Familien arbeiteten nun in diesem einträglichen Gewerbe. Mit dem Aufkommen des Tourismus starb das Berufsbild dann langsam aus. Nicht aber für Judith, die nach Abschluss der Kunsthochschule die großen Mappen des Opas mit den minutiös illustrierten Seiten der alten Musterkollektionen wälzte. Viele Originale fand sie zu Hause in einem Tiroler Kleiderschrank, später vermachte sie sie dem Museum der Ladinischen Kultur in St. Martin in Thurn.

Technischen Hilfsmitteln, die bei den Kunsthandwerkern im Grödnertal bereits großflächig Einzug gehalten haben, verweigert sie sich instinktiv und zieht es vor, nur mit Stichel und Meißel zu arbeiten. Puppen sind ihre Passion, heute sind sie ihre beliebtesten Erzeugnisse. Die Mutter von drei Kindern verwendet der Tradition gemäß das Holz der Zirbelkiefer, das leicht zu bearbeiten ist und mit der Zeit nachdunkelt. Sein Duft bleibt zudem über viele Jahre erhalten.

Während sie, die Ellenbogen auf den kleinen Ateliertisch gestützt, konzentriert ihrer Schnitzarbeit nachgeht, begibt sich Ehemann Franz Canins, von Beruf Bildhauer, mit der Motorsäge in den Keller, um einem ungeschliffenen Baumstamm die Formen einer seiner eindrucksvollen Tiergestalten zu verleihen, denen stets etwas Faszinierendes und Unergründliches innewohnt.

Adresse Pedetlivastraße 18, 39046 St. Ulrich (BZ), Tel. +39/333/4606593, www.judithsotriffer.it | Anfahrt Bus 170 von Bozen; Bus 350 von Waldbruck (www.sii.bz.it) | Öffnungszeiten Besichtigung des Ateliers nach Vereinbarung | Tipp Das Museum Gherdëina in St. Ulrich besitzt eine Abteilung mit altem Spielzeug der Grödnertal-Tradition (Rezia-Straße 83, www.museumgherdeina.it).

67__Unika

Der Aufstand gegen den Pantografen

Im Grödnertal gibt es eine Kunsthochschule, die die Techniken der hiesigen Holzschnitzkunst lehrt. Mit dem Aufkommen des Tourismus sind überall im Tal, von St. Ulrich bis Wolkenstein, Geschäfte mit Figuren jeder Art und Größe aus dem Boden geschossen. Sie zieren vor allem Kirchen und Hauskrippen: Madonnen, die Heilige Familie, Hirten und Schafe, die früher noch von Hand geschnitzt wurden. Aber der Markt verlangte nach immer schnellerer Produktion, sodass sich bald der Pantograf durchsetzte, der gängige Motive im Massenverfahren herstellte. Sein Einsatz war teils so massiv, dass sich eine Gruppe junger Künstler dagegen auflehnte, ihr Talent zur Ware herabzustufen. Besonders stieß ihnen auf, dass diese Skulpturen oftmals die Aufschrift »handgefertigt« trugen, obwohl doch nur der letzte Schliff manuell erfolgte. 1994 forderte die Gruppe lautstark, ihr Handwerk als Kunst anzuerkennen.

So entstand Unika, eine Bewegung, deren »k« im Namen auf das deutsche Wort »Kunst« und damit auf die schöpferische Leistung Bezug nahm. Dieser Rebellion schlossen sich Bildhauer, Drucker und Vergolder an, die eine Vision einte: der Wert des Unikats. Bald organisierten sie eine erste große Ausstellung, bei der sie nicht nur ihre Werke zeigten, sondern ihrer Arbeit mit Hohlmeißeln und Schlegeln live vor Zuschauern nachgingen. Seitdem findet sie jedes Jahr am letzten Augustwochenende statt und wird von Kunstkritikern stets wohlwollend begleitet.

Als Brutstätte für Künstlerkarrieren hat Unika einigen Mitgliedern zu internationalem Ansehen verholfen. Heute hat die Gruppe eher institutionellen Charakter, bleibt aber ein wichtiges Bollwerk zur Verteidigung der Kunst, wie der Wanderweg »Troi« an der Pana-Alm zeigt, dessen Plastiken mit der Natur ringsum verschmelzen. Oder der riesenhafte Holzkopf in St. Christina, der aus 50 Segmenten besteht, von denen jedes von einem anderen Bildhauer gefertigt wurde. Wahrlich Unika.

Adresse Holzkopf: Ruacia-Straße (Kreisverkehr zwischen den zwei Tunneln), 39046 St. Christina (BZ), www.unika.org | Anfahrt Bus 170 von Bozen; Bus 350 von Waldbruck (www.sii.bz.it) | Tipp Der Kunst-Wanderweg »Troi Unika« ist ein Rundweg von anderthalb Kilometer Länge, der in der Nähe des Parkplatzes der Bergbahnstation beginnt.

68 Das Hirtenmädchen

… das das Gleichgewicht verlor

Wenn es wahre Idylle gibt, dann im Langental. Seine dichten Wälder und ebenen Lichtungen sind von zwei schroffen Felsmauern eingeschlossen, und sein Tor ist Wolkenstein in Gröden mit Blick auf die Puezgruppe. Früher trat seine geologische Beschaffenheit klar zutage, heute muss man erst die vielen Hotels in Wolkenstein hinter sich lassen, die im letzten halben Jahrhundert alle noch freien Plätze belegt und leider viele traditionsreiche Gebäude verdrängt haben. Wenn man aber die Wege kennt, hat man bald die Wiesen mit dem saftigen Gras, den Bach und die pittoreske Silvesterkapelle erreicht, wo die erste Überraschung wartet. Glücklicherweise fällt sie nicht jedem auf, denn die meisten Besucher schauen nur kurz in den Innenraum mit dem Altar und einigen Fresken, die das Leben Jesu erzählen.

An der Innenwand, rechts vom Eingang, hängt ein kleines, bescheidenes Bild mit dunklem Rahmen, das kaum künstlerischen Wert hat, aber dafür große psychologische Wirkung entfaltet. Es zeigt ein Mädchen, das von einem Felsen herabfällt, und erinnert an den tragischen Tod des elfjährigen Hirtenmädchens Catarina Senoner am 1. Juli 1852. Das Gemälde ist sehr realistisch gemalt und kaum für Kinderaugen geeignet. Die Gipfel hinter dem Kirchlein sind eindeutig die der Geislergruppe. Die kleine Figur stürzt mit den Füßen vorwärts, ihr blaues Kleid flattert im Wind. Nichts und niemand kann den Sturz aufhalten. Nach dieser Mahnung, die Gefahren im Gebirge nicht zu unterschätzen, setzen wir mit mulmigem Gefühl unseren Weg fort.

Nach etwa einer Stunde stößt die Route auf eine hölzerne Ädikola mit kleinem Dach, unter dem zu lesen ist: »Hirte, ein Stier beendete mein Leben«. Erneut eine Warnung, dass auch die gleichmütig erscheinenden Kühe eine tödliche Gefahr darstellen können, wenn sich zwischen ihnen ein unruhiger Stier befindet, wie es diesem armen Hirten geschehen sein muss. Auch das idyllische Langental hat eben seine Abgründe.

Adresse Silvesterkapelle, Meisulesstraße, Langental, 39048 Wolkenstein in Gröden | **Anfahrt** Bus 350 von Waldbruck (www.sii.bz.it) | **Öffnungszeiten** immer zugänglich | **Tipp** Von der Bergstation des Sessellifts Dantercepies führt der Wanderweg 2a zum Bergsee Lech de Crespëina. Einer Legende zufolge befand sich hier die Höhle eines ziemlich reizbaren Drachens, der nachts mit seinem Schwanz unglaubliche Wellen auf der Oberfläche des Sees schlug. Heute verkörpert der See auf unvergleichliche Weise die Stille der ihn umgebenden Gipfel.

69 Das Hotel Tyrol

Tradition verpflichtet

Das Hotel Tyrol, ein typischer Bau der 1960er Jahre mit geraniengeschmückten Holzbalkonen an der Fassade, wirkt anmutig und komfortabel. Prunk sucht man hier vergebens, und beim Flanieren durch die Sträßchen des Zentrums fällt das Gebäude auch nicht weiter auf. Aber die Bescheidenheit täuscht, denn das Haus war das erste Vier-Sterne-Hotel im Zuge des damals in der Region aufkommenden Dolomiten-Tourismus.

Es ist eines der wenigen Hotels, die noch den Grödner Charme vergangener Zeiten versprühen. Auch wenn es heute über jeden modernen Komfort und über ein Wellness-Zentrum im Untergeschoss verfügt, sind seine Einrichtung sowie die Gastlichkeit noch jene von damals. Verkörpert wird diese bodenständige, herzliche Atmosphäre vom ansteckenden Lächeln Bibianas, der jüngsten Vertreterin der Familiendynastie der Kasslatter. Vielleicht liegt es am Dirndl, das sie so selbstverständlich trägt wie jemand, der in dieser traditionellen Tiroler Tracht aufgewachsen ist. Ihre Tante Frida war früher die Küchenchefin und, wie ein Journalist damals schrieb, die offiziell anerkannte Autorität bezüglich der Gastronomie des ganzen Tals.

Dieses Ambiente, geprägt von Tradition und Geschichte, gefällt den Gästen. Die Stube, die Sitzbänke, die Gegenstände, die Tischdecken tragen die Handschrift der Hausherrin. Denn dies war früher die Wohnung, die Bibiana und ihre Tanten über 50 Jahre bewohnten, ein Bund starker Frauen, die in all den Jahren viel erlebt haben, ein Ort fröhlicher Abende, in denen sich das Familienleben mit der Hotelleitung verschränkte und Gäste zu Freunden wurden.

Nichts gegen die modernen Hotels, die es mittlerweile überall gibt, denen jedoch oft das authentische Wesen und jene Urigkeit abgeht, die man hier in der Stube spürt. Das Hotel Tyrol ist alles andere als anonym, und seine Wurzeln liegen in einer grünen Weide am Eingang des Langentals.

Adresse Puez-Straße 12, 39048 Wolkenstein in Gröden (BZ), Tel. +39/0471/774100, www.tyrolhotel.it | Anfahrt Bus 170 von Bozen; Bus 350 von Waldbruck (www.sii.bz.it) | Tipp Wenn Sie Sterne lieben – und zwar die in der Gastronomie beheimateten –, dann reservieren Sie beim Michelin-Sternekoch Mario Porcelli im »Alpenroyal Gourmet Restaurant« (Meisulesstraße 43, www.alpenroyal.com).

70 Das Langental

Der Klettergarten von Emilio Comici

Am Eingang des Langentals, wo sich das Ausbildungszentrum der Carabinieri befindet, liegt eine schöne Wiese mit einem Findling. Man erkennt eine Tafel, die dem ehemaligen Präsidenten Italiens, Sandro Pertini, gewidmet ist, der seinen Sommerurlaub gern wandernd im Langental verbrachte. Davor jedoch, von der Vegetation fast überwuchert, steht das Denkmal für Emilio Comici. Der bärenstarke Kletterer, der in den 1930er Jahren Rekorde brach, hätte wohl etwas mehr Pflege verdient.

Der gebürtige Triestiner ließ sich im Grödnertal nieder, wo er Aufstiege erschloss, die noch heute zu den schönsten und meistbegangenen zählen. Comici war ein Ästhet des Klettersports. Er vereinte große athletische Fähigkeiten mit einer für die damalige Zeit vollkommen neuen Vision. Sein Ziel war nicht mehr der Gipfel, sondern der Aufstieg selbst, die innige Beziehung zur Felswand, die bezwungen sein wollte. »Diese Stunden des Kampfes und Bangens waren schön«, schrieb er nach der Eröffnung einer neuen Route. Sein Blick richtete sich auf Dinge, die andere nicht sahen. Sein Alpinismus war heroischer und häufig einsamer Natur. Klettern war für ihn eine hohe Kunst, deren Beherrschung er bewies, als er mit seinem Freund Giulio Benedetti 1931 die italienische »Direttissima« an der Nordwestwand des Matterhorns erschloss. Auf den 1.000 Metern im damals höchsten sechsten Schwierigkeitsgrad suchte er nach dem direktesten möglichen Aufstieg. 1933 folgte sein Meisterwerk an der Nordseite der Großen Zinne der Drei-Zinnen-Gruppe.

Seine Klettertechnik trainierte er an einer etwa 30 Meter hohen Felswand in Wolkenstein, seinem »Spielplatz«. Aber das Spiel sollte ihm zum Verhängnis werden. Ein banaler Sturz aus wenigen Metern riss einen der größten Solokletterer 1940 aus dem Leben. Comicis Denkmal blickt noch in Richtung des Unglücksortes, einer Wand am Waldrand, während Hobbysportler und Profis auf seinen Passagen trainieren.

Adresse Dantercepies Straße 84 (Ciampac Hütte), 39048 Wolkenstein in Gröden (BZ) | **Anfahrt** Bus 170 von Bozen; Bus 350 von Waldbruck (www.sii.bz.it) | **Tipp** Zu jeder Jahreszeit lohnt sich ein Abstecher zum Teesalon der Villa Frainela, wo Daniela köstliche Süßspeisen und sehr interessante Sandwiches zubereitet (Dantercepies Straße 66, www.villafrainela.com).

71_Die Musikkapelle

Folklore und echtes Talent

Musikkapellen müssen nichts mit Lederhosen, Trompeten und Wollstrümpfen zu tun haben. Diese Vorstellung, die eine wichtige kulturelle Einrichtung mit einer aus der Zeit gefallenen Folklore assoziiert, trägt der heutigen Bedeutung der Volksmusik als kollektivem Ausdruck der ladinischen Identität in den Dolomiten nicht Rechnung. Die Kapelle von St. Ulrich etwa hat eine über 200-jährige Tradition. Das verwundert kaum, wenn man sich den Stellenwert der Musik im Habsburgerreich vergegenwärtigt.

Musizieren und Singen war eine kostenlose und freudvolle Aktivität, der in der spärlichen Freizeit nachgegangen wurde, die den auf den Almen hart arbeitenden Bauern blieb. Man lernte das Musizieren zu Hause, wo das Wissen von den Eltern an die Kinder weitergegeben wurde. Wer Talent bewies, konnte zum Stolz der Familie der örtlichen Musikkapelle beitreten.

Sonja stammt aus Latzfons, lebt aber im Eggental und spielt Akkordeon nach Gehör, mit Noten kann sie nichts anfangen. Wenn man sie ruft, steigt sie hoch zur Alm, um die Tiroler Lieder zu spielen, die sie auswendig kennt. Frauen in hiesigen Musikkapellen sind allerdings ein neueres Phänomen, erklärt Giorgio Callegari, Leiter der Kapelle von Wolkenstein in Gröden, der ersten, die Musikerinnen aufnahm. Heute sind 20 von insgesamt 50 Mitgliedern weiblich.

An Weihnachten teilt sich die Kapelle in kleine Gruppen auf, die spielend durch den Ort ziehen und an die Türen klopfen, ein wunderbares Spektakel. Im Sommer dagegen sind die Open-Air-Konzerte sehr beliebt, bei denen Chöre aus den verschiedenen Tälern auftreten. Die 500 Plätze reichen längst nicht mehr aus, das Doppelte wäre gut. Zweimal pro Woche finden die Proben in einem Gemeindesaal in der Via Nives statt. Wer will, kann hingehen und zuhören. Das lohnt sich, denn mit dem Aufkommen »echter« Musikschulen ist das musikalische Niveau hier enorm gestiegen.

Adresse Strada Nives 15, 39048 Wolkenstein in Gröden (BZ), Tel. +39/335/6006913 | **Anfahrt** Bus 170 von Bozen; Bus 350 von Waldbruck (www.sii.bz.it) | **Öffnungszeiten** Infos zu Konzertterminen der Bürgerkapelle unter www.bkwolkenstein.it | **Tipp** An der Fassade des Hauses Senoner-Sartëur in der Via Meisules gibt es eine Uhr mit einem Glockenspiel, das um 11 und um 18 Uhr (im Winter um 17 Uhr) erklingt. Vier hölzerne Figuren drehen sich dann im Kreis, drei Männer mit Violine, Trommel und Laute sowie eine Frau mit Flöte.

72 Die legendären Felswände

Die Nordwände der Drei Zinnen

Das Profil der Drei Zinnen, die ihre Schatten lotrecht nach Norden werfen, erscheint sogar auf Satellitenbildern makellos. Sie besitzen eine magische Anziehungskraft, der auch der Alpinismus nicht widerstehen kann. In der Ära des »sechsten Schwierigkeitsgrades« waren die steilsten und beeindruckendsten Felswände gerade gut genug für Wettkämpfe, deren Ziel nicht der Gipfel, sondern die Wand selbst war.

Legendär war in diesem Zusammenhang die Besteigung der Nordwand der Großen Zinne. Es brauchte den Mut eines Spitzenathleten wie Emilio Comici (siehe Ort 70), um sie in Angriff zu nehmen. Er steckte eine Route in der Wandmitte genau unterhalb des Gipfels ab. Das war ein Novum in der Tradition des Alpinismus, weil die Kletterer nicht mehr der Morphologie des Berges mit seinen Verschneidungen und Kaminen folgten, sondern ihm ihre Vorstellungen auferlegten und eine sehr viel kühnere und exponiertere Passage wählten. Comicis Route mit dem Schwierigkeitsgrad VI+ gilt unter Bergsteigern immer noch als Respekt einflößendes Unterfangen.

Im Sommer kann man auf den Wiesen der Langalm sitzend mit dem Fernglas die aufsteigenden Seilschaften beobachten. Aber um den Überhang der Wand mit eigenen Augen zu betrachten, muss man unter ihr stehen und den Zustiegsrouten zu den mittlerweile zahlreichen Steigen folgen. Von dort ist die Perspektive schwindelerregend. Schon wenn man die Wassertropfen sieht, die von oben herabfallen, treibt es einem den Schweiß auf die Stirn. Comici kam damals nach vier Jahren erneut hierher, um die Wand im Alleingang zu durchklettern.

Die Verführung der Drei Zinnen machte auch vor Riccardo Cassin nicht halt. 1935 absolvierte er mit Vittorio Ratti den berühmtberüchtigten Durchgang an der Nordwand der Westzinne, bei dem die Route nach der Umrundung der Kante an der glatten Felswand entlangführt. Man sollte auf jeden Fall darunter spazieren, abseits der Pfade, auf denen sich die Wanderer stauen.

Adresse Misurina, 32041 Auronzo di Cadore (BL) | Anfahrt vom Rifugio Auronzo (mautpflichtige Straße oder Shuttle) dem Hauptweg nach Forcella Lavaredo (40 Minuten) bis zum Abzweig der Zustiegsroute unter die Nordwand folgen, von der Scharte abseits der Locatelli-Hütte zur Langalm absteigen (30 Minuten) | Tipp Am Weg nahe der Kapelle der Gebirgsjäger steht das Denkmal für Paul Grohmann, der 1869 als Erster die Große Zinne bezwang.

73 Der Monte Piana

Die Friedenswege des Oberst Schaumann

Wie der Name schon andeutet, ist der Monte Piana vollkommen flach und gipfellos. Wie ein Panettone erhebt er sich 900 Meter über das Höhlensteintal. Heute scheint sich das weite Grasland ringsum eher als Heimat für Murmeltiere als für Schützengräben bedauernswerter Soldaten zu eignen, aber einst war das anders.

Seine Lage machte den Berg zum natürlichen Aussichtspunkt über die nahe gelegenen Sextner Dolomiten und die Drei Zinnen. Touristen haben ihn schon früh entdeckt, der Touring Club ließ um 1900 eine kleine Schutzhütte errichten, wo heute die Carducci-Pyramide steht. Hier verlief bereits zu Zeiten der Republik Venedig die italienisch-österreichische Grenze. Das war also der nördlichste Außenposten der Italiener, und das gefiel den Österreichern, die eine Invasion des Pustertals fürchteten und daher Befestigungen und Artillerie auf allen Bergen ringsum postiert hatten, ganz und gar nicht.

Als 1915 beide Heere aufeinandertrafen, begann ein blutiger Stellungskrieg, der im Grunde keinen Sieger kannte und 14.000 Tote forderte. Viele Jahre später begab sich der österreichische Oberst Walther Schaumann hierher und war beeindruckt von den vielen Geschichten, die die in den Stollen geborgenen Überreste des Kriegs erzählten: Helme, Bajonette, Haubitzen, außerdem Tagebücher und persönliche Gegenstände der Soldaten. 1973 beschloss er, diese Fundstücke an einem »Ort des Friedens« zu präsentieren, der den Wert des menschlichen Lebens betont und eine überparteiliche Perspektive einnimmt. Als der mehrfach dekorierte Soldat sein Projekt in Wien vorschlug, stieß er auf Widerstand. Aber die Pläne konnten dank einer Gruppe Freiwilliger, der »Freunde des Friedens«, und mit Hilfe der italienischen Streitkräfte umgesetzt werden. Schützengräben, Stellungen und Hütten wurden restauriert. Mit jedem Sommer kommen mehr Ausflügler aus ganz Europa zum Monte Piana, um das erste Freilichtmuseum dieser Art zu besichtigen.

Adresse Rifugio Angelo Bosi, Via Monte Piana, 32041 Auronzo di Cadore (BL), Tel. +39/0435/39034 | Anfahrt Zubringerbus vom Ristorante Genzianella in Dreiheiden (Via Monte Piana 32) zum Rifugio Bosi (www.montepiana.com) | Öffnungszeiten Juni–Okt. täglich 9–17 Uhr | Tipp In der Fanesgruppe gibt es einen 1975 von Schaumann restaurierten »Klettersteig des Friedens«, der die einsame Westflanke der Furcia Rossa durchquert. Der Zugang erfolgt vom Valparolapass (Capanna Alpina) oder von St. Vigil (Schutzhütte Pederü).

74 Die Marogna-Brücke

Der gepikste Hahn

Auf der Verbindungsstraße zwischen Höhlensteintal und Dreiheiden muss man die Marogna-Brücke überqueren. Hier, wo heute die Regionen Venetien und Trentino-Südtirol aufeinandertreffen, liegt die historische Grenze zwischen Ampezzo und Tirol.

Der Bach zeigt sich im Sommer häufig trocken, aber bei Regen stürzt das Wasser in rauen Mengen ins Tal – sonst gäbe es hier wohl auch keine Brücke. Man würde daher von der Provinzstraße kommend mitten im Flussbett auch keinen Felsblock wie denjenigen erwarten, der den Sockel für einen fast zwei Meter hohen Grenzstein bildet. Die Tiroler Schützen haben darauf 2015 ein Kreuz zur Erinnerung an den Ersten Weltkrieg angebracht. Weshalb aber steht der Grenzstein ausgerechnet hier? Es gibt eine Legende dazu, die zeigt, wie man Verwaltungsgrenzen ganz ohne Krieg festlegen kann.

Auronzo und Toblach stritten damals über die Grenzziehung entlang der Viehweiden von Misurina und Rinbianco. Um den Streit beizulegen, kamen die beiden Gemeinschaften überein, dass zwei alte Frauen aus beiden Gemeinden morgens beim ersten Hahnenschrei aufbrechen sollten. Der Ort ihres Zusammentreffens sollte fortan die Grenze bilden. Wie so oft bei derartigen Abmachungen wendete eine der Parteien eine List an: Die Alte von Auronzo pikste den Hahn unbemerkt von den schlafenden Wächtern dreimal mit einer Stricknadel, sodass er früher krähte und ihr einen Vorsprung vor der Rivalin verschaffte. Deshalb befindet sich der Grenzstein nicht auf halbem Weg, sondern in weitem Abstand zu Misurina. Natürlich ist es schwer zu glauben, dass sich das Habsburgerreich im Jahr 1753, wie auf dem Grenzstein vermerkt ist, derart an der Nase herumführen ließ.

Aber die Skeptiker werden eines Besseren belehrt, und zwar von einem Kreuz mit der Silhouette eines Hahnes auf dem Dach der Votivkapelle der Madonna delle Grazie aus dem 18. Jahrhundert in Auronzo. Das Tier weist drei verdächtige Löcher im Bauch auf …

Adresse SP49 etwa auf Höhe von Kilometer 7,5, 32041 Misurina (BL) | **Anfahrt** Bus 30, 31 von Calalzo, Auronzo und Cortina (www.dolomitibus.it) | **Tipp** Die Kapelle der Madonna delle Grazie, auf deren Dach das Eisenkreuz mit dem Hahn befestigt ist, liegt in Auronzo in der Via Roma.

75 Der Feuerwehrmann

Ein Maler und ein Architekt

In Kastelruth (lateinisch Castellumruptum, »zerstörte Burg«) findet man heute von Zerstörung keine Spur mehr: Elegant zu Füßen des Schlern gelegen, mischt es in seiner mittelalterlichen Raumordnung kühne, moderne Architektur mit historischen Palästen. Auf der einen Seite das hypermoderne, von Peter Pichler entworfene Hotel Schgaguler mit seinem durchscheinenden Exoskelett, auf der anderen der aus dem 17. Jahrhundert stammende mächtige Ansitz Krausegg der ursprünglich ungarischen Familie Kraus, die Kastelruth viele Jahrhunderte lang prägte. Das Gewicht der Historie im Dialog mit der Leichtigkeit der Moderne: Zweieinhalb Meter sind die trutzigen Mauern des Kraus'schen Palastes dick, heute ist er Sitz des Rathauses, über das man zum befestigten Ortskern gelangt.

Beim Spazieren durch die restaurierte Altstadt mit den aufwendig mit Fresken verzierten Hausfassaden wird der Wohlstand des Städtchens offenbar, dessen Viehmarkt bereits im 17. Jahrhundert bedeutsamer als der des benachbarten Bozen war. Neben dem Kraus'schen Stammsitz sind auch Gasthöfe wie das Cavallino d'Oro (1326), Bäckereien wie die von Anton Burgauner und sogar die Bauernhäuser der Gegend bemalt. Eduard Burgauner (1873–1913) zeichnete sich durch ein besonderes Talent in der Wandmalerei aus: Der gebürtige Kastelruther, wahrscheinlich der Sohn des Bäckers Anton, studierte in Wien, wo er von den Sezessionisten und dem Jugendstil beeinflusst wurde.

Neben ihrer hohen Qualität enthalten die Fresken Burgauners immer auch ein besonderes Detail: den Feuerwehrmann. Wir wissen nicht, ob er selbst diesen Beruf ausübte, der hier aufgrund der häufigen Brände, von denen einer 1753 fast den ganzen Ort zerstört hätte, hohes Ansehen genoss. In allen seinen Bildern findet sich der Mann mit dem Krug, der Wasser auf ein brennendes Haus gießt. Der riesige heilige Florian, der hier mit seiner glänzenden Rüstung das Feuer löscht, ist nur ein Beispiel von vielen.

Adresse Krausplatz 1, 39040 Kastelruth (BZ) | **Anfahrt** Bus 170, 171 von Bozen (www.sii.bz.it) | **Tipp** Die von Burgauner bemalten Häuser liegen in der Altstadt rund um den Hauptplatz: Mendel-Haus (Vogelweidergasse), Hotel Zum Wolf (Oswald von Wolkenstein-Straße 5), Bäckerei Burgauner (Paniderstraße) und Villa Felseck, vermutlich das Haus des Künstlers. Außerhalb der Altstadt findet man weitere in der Paniderstraße.

76 Die Burg Oswalds

Dichtung, Eros und Politik

An den Ausläufern der Santnerspitze, die auch »abgebrochener Turm« des Schlern genannt wird, befindet sich ein Märchenwald. Unterhalb der Felsen sind die Ruinen einer Burg zu erkennen. Nur hier konnte die Wohnstatt eines Dichters liegen, der zu den bedeutendsten Vertretern der deutschen Renaissance zählt. Aber Oswald von Wolkenstein (1377–1445) war nicht nur ein kunstbeflissener Minnesänger, sondern Überlieferungen zufolge auch ein echter Krawallbruder. Ständig mischte er in den Intrigen der verschiedenen Grafschaften mit und war mal mit dem einen, mal mit dem anderen Edelmann verbündet. Er hatte die Fähigkeiten eines echten Diplomaten, den er tatsächlich für eine gewisse Zeit am Hof des deutschen Kaisers Sigismund gab. Nach Niederlagen war er dank seiner Hartnäckigkeit stets bald wieder obenauf.

Höfische Manieren erlernte der Überlebenskünstler wohl in seinen Lehrjahren als Knappe. Die Eltern hatten ihn mit zehn Jahren in die Obhut eines fahrenden Ritters gegeben, mit dem er die Welt von Schottland bis ins Heilige Land bereiste. Er war eloquent und überzeugend und ging bald an den europäischen Schaltstellen der Macht ein und aus. Dabei war er sich für nichts zu schade, nahm an Kriegen teil und landete sogar im Gefängnis – als Opfer einer weiteren großen Leidenschaft neben der Politik und der Dichtung: den Frauen, wie wir seinen erotischen Gedichten entnehmen können. Eine seiner Geliebten lockte ihn in eine Falle, und er landete 1421 im Gewahrsam des Grafen von Tirol.

Am Ende seines abenteuerlichen Lebens war der dichtende Ritter hoch verschuldet. Das hängende rechte Augenlid, mit dem er immer abgebildet wird, war keine Kriegstrophäe, wie so mancher Biograf berichtet, sondern eine angeborene Missbildung. Zuletzt konnte sich Oswald im Schutz des Klosters Neustift nahe Brixen, wo er auch begraben liegt, endlich ausgiebig und ungestört seiner Dichtkunst widmen.

Adresse Piazzale cabinovia Alpe di Siusi, Schlernstraße, 39040 Schlern (BZ) | Anfahrt Bus 170, 171 von Bozen (www.sii.bz.it), auf dem »O. Wolkenstein Weg« vom Platz der Bergbahn (Straße zum Hotel Salegg) in 20 Minuten zu den Ruinen der Burg | Tipp Eine weitere Wolkenstein-Burg liegt malerisch unterhalb der Stevia-Wand am Eingang des Langentals (siehe Ort 70) in Wolkenstein in Gröden. Man erreicht sie über einen steilen Steig, der oberhalb des Polizei-Ausbildungszentrums beginnt.

77_Die Burg Andraz

Eine unbezwingbare Festung

Die Burg Andraz, auch Schloss Buchenstein genannt, thront auf einem Felsen, den die letzte Eiszeit ins Tal befördert hat. Ihre strategische Lage zur Kontrolle des Territoriums entging den Fürsten, die im Mittelalter in dieser Gegend herrschten, nicht. Einer von ihnen errichtete schließlich eine Burg auf dem Gipfel, die so kompakt ist, dass sie sich wie die organische Verlängerung des Felsens ausnimmt.

Wer den Bau letztlich in Auftrag gab, ist nicht überliefert, aber das Ziel war eindeutig, die Verbindungsstraße zwischen dem Agordotal und dem Falzaregopass zu kontrollieren, über die man nach Cortina oder ins Gadertal gelangte. Erstmals wird die Burg um das Jahr 1000 erwähnt, als die Gegend unter der Gerichtsbarkeit des Fürstbischofs von Brixen stand, der den Ansitz zu einem Bollwerk gegen die Expansionsgelüste der mächtigen Republik Venedig ausbaute. Darüber hinaus diente sie der Überwachung der »Eisenstraße« und der Schmelzöfen, die sich eine Zeit lang in der Nähe der Burg befanden. Bereits im Mesolithikum, als die Menschen damit begannen, das Gebirge zu besiedeln, bot der riesige Fels Gruppen von Jägern (siehe Ort 36), die in den Wäldern dem Wild nachstellten, Unterschlupf. So lässt sich das Toponym Andraz auch mit »Höhle« oder »Kaverne« übersetzen.

Heute mutet die Burg oder besser ihre Ruine märchenhaft und romantisch an, vollkommen anders als die vielen anderen zinnenbewehrten Festungen Südtirols. Einsam erhebt sie sich über die Bäume, fest verankert auf dem Steinplateau. Der Bau scheint ein Mischwesen aus Natur und Menschenwerk zu sein, die Grenzen zwischen Fels und Trockenmauern, Schießscharten und Moosen sind längst verwischt. Die sich auf dem Felsen überlagernden Bauschichten lassen sich heute mit Hilfe von Leitern und gläsernen Decken, die das im Ersten Weltkrieg zerstörte Dach ersetzten, im Rahmen eines musealen Rundgangs aus der Nähe betrachten.

Adresse Castello di Andraz, 39030 Livinallongo del Col di Lana (BL), Tel. +39/334/3346680, www.castellodiandraz.it | Anfahrt Bus 3 Belluno–Agordo (www.dolomitibus.it) | Öffnungszeiten 15. Juni–15. Sept. 10–12.30 und 15–18 Uhr (außer im August Mo geschlossen) | Tipp In der Umgebung von Rocca Pietore gibt es drei weitere spektakuläre Felsvorsprünge. Am Sass de la Murada ruhen die Reste eines mittelalterlichen Wachturms, der Teil des Fernmeldesystems war, zu dem auch die Burg von Andraz und die Burg Sommariva in Alleghe gehörten. Am nahe gelegenen Sass de Rocia befindet sich ein Klettersteig.

78 Vertical Kilometer

Auf die Plätze, fertig, hoch!

Vertical Kilometer ist die jüngste Laufdisziplin im Gebirge. Und dieser Kilometer hat es in sich, denn gemeint sind 1.000 Höhenmeter, die die Athleten auf einer maximal 3 bis 4 Kilometer langen Strecke buchstäblich gen Himmel zurücklegen müssen. Den idealen Untergrund bieten Wälder und Wiesen mit durchschnittlich 50 Prozent Gefälle. Diese Sportart, die nur leichtes Schuhwerk und Lust auf das Laufen in der Natur voraussetzt, hat viele Anhänger gewonnen, von denen die schnellsten einen Ruhepuls von unter 40 und ein Lungenvolumen, das für die Besteigung des Mount Everest reichen würde, aufweisen. So mancher vergleicht sie mit dem 100-Meter-Lauf in der Leichtathletik. Tatsächlich kann man in einer halben Stunde oben sein – schneller als der Sessellift. So schnell sind aber nur die Champions der Disziplin, alles Südtiroler, die die Trainingsgründe gleich vor der Haustür haben.

Einer von ihnen ist Urban Zemmer aus Kastelruth, der neben dem Sport den Hof der Familie leitet und 2014 als 44-Jähriger im Vertical von Fully (Schweiz) eine Zeit von 29 Minuten und 42 Sekunden gelaufen ist. Der zehn Jahre jüngere Philip Gotsch ist 2017 sogar unter 29 Minuten geblieben. In den Dolomiten gibt es diverse Strecken, die steilste ist die am Col di Lana: 1.000 Höhenmeter auf 2 Kilometern Laufstrecke. Um sich dieses Gefälle zu vergegenwärtigen, kann man die Wiese oberhalb der Häuser bis zum Waldrand hinaufkraxeln und dann versuchen, sie hinabzusteigen.

Die Strecke beginnt an der Kirche in Pieve di Livinallongo in 1.452 Meter Höhe. Über Wiesen, Wälder, Almen und Lichtungen geht es an Steilhängen über eine Felsstufe, um dann den letzten, sehr steilen Aufstieg zu meistern, der auf den Gipfel in 2.452 Meter Höhe führt. Langsam hebt man den Blick und nimmt das Panorama in sich auf: Im Süden glitzert der Gletscher der Marmolata, im Norden klafft der Schlund, wo die Explosion einer Mine 1916 viele Soldaten verschüttete.

Adresse Plaza Nuova, nahe der Kirche San Giacomo Maggiore, 32020 Pieve di Livinallongo (BL) | **Anfahrt** Bus 72 (www.dolomitibus.it), über den Wanderweg 21 von Palla aus zu Fuß auf den Gipfel des Col di Lana | **Öffnungszeiten** in der 2. Juliwoche, Infos unter www.v-km.it | **Tipp** Ein weiterer berühmter Vertical Kilometer ist der von Crepa Neigra, der in Ciasates di Canazei startet.

79__Die unbeugsame Katharina

Eine Bauernmagd gegen Napoleon

Pieve di Livinallongo ist ein kleiner Weiler, der aus der namensgebenden Pfarrkirche und ein paar Häusern am Fluss Cordevole besteht, der hier eine tiefe Schlucht gegraben hat. Die Dolomitenstraße durchschneidet an dieser Stelle den Berg und bildet den einzigen Durchgang zwischen dem Pordoipass und der Marmolata in Richtung Alleghe. Napoleon muss bei der Eroberung Tirols hier vorbeigekommen sein, zumindest legt das das Denkmal für Katharina Lanz nahe, die die Truppen des französischen Generals in Schach hielt.

Die kriegerische Bauernmagd verbindet mit dem Ort kaum etwas, außer der Tatsache, dass sie hier nach ihrem Tod im Alter von 83 Jahren begraben wurde. Ursprünglich stammte sie aus dem Gadertal und befand sich am 2. April 1797 in Spinges im Pustertal, als Napoleons Truppen nahten. Bei den Nebengefechten in Spinges warf sich die Bevölkerung mit allem, was greifbar war, den Franzosen entgegen. Im Fall Katharinas war das eine Heugabel, mit der sie – der Legende nach – den Feind von der Kapelle zurückdrängte. Damit wurde sie zu einer Art Jeanne d'Arc des Tiroler Widerstands gegen Napoleon, auch wenn ihre Identität erst nach ihrem Tod gelüftet wurde. Aber für den Zusammenhalt eines Volkes braucht man bekanntlich Mythen, vor allem in Tirol, das unter Napoleon in verschiedene Verwaltungsbezirke aufgeteilt war, wodurch die jahrhundertelange Einheit der ladinischen Täler verloren ging. Eine nie verheilte Wunde, aus der auch die heutige Aufteilung in Trentino, Südtirol und Veneto hervorging. Daher: Viva Katharina!

Die 1912 in Bronze gegossene Statue wurde im Ersten Weltkrieg nach Cortina evakuiert, um nicht in die Hände der italienischen Irredentisten zu fallen, und zog unter Mussolini nach Rovereto um, weil ihre Züge den Faschisten zu wenig »italisch« dünkten. 1964 konnte sie dann endlich wieder auf ihren ursprünglichen Sockel zurückkehren.

Adresse Piazza 7 Novembre 1918, 32020 Pieve di Livinallongo (BL) | **Anfahrt** Bus 72 (www.dolomitibus.it) | **Tipp** In der Kirche von Spinges im Pustertal zeigt ein Glasfenster Katharina Lanz, wie sie das Gotteshaus gegen die Franzosen verteidigt.

80 Die Stadt im Eis

Auf der Marmolata

Die Klimaerwärmung hat in den letzten Jahren zu einem großflächigen Schmelzen der Gletscher geführt, wodurch lange verborgene Dinge freigelegt wurden. Einer dieser Schätze ist die »Stadt im Eis« der Marmolata. Fährt man mit der Seilbahn zur Punta Rocca (3.250 Meter), erkennt man die Reste von Baracken und Kriegsgerät einer Eisfestung im Ersten Weltkrieg. Die Ausmaße dieses Meisterwerks der Ingenieurskunst ermisst man am besten von der dem Gletscher benachbarten Zwischenstation (2.950 Meter) aus und begibt sich von dort zum Grat des Serauta-Passes.

Werfen Sie aber vorher unbedingt einen Blick in die Laufgräben, die von italienischen Truppen in den Fels gesprengt wurden, die den Grat im April 1916 erobert haben. Hier, über der imposanten, 1.000 Meter tiefen Schlucht über dem Lago Fedaia, wird erfahrbar, wie viel Mut und Entbehrungen es bedeutete, eine Festung auf dieser Höhe inmitten so großer Widrigkeiten zu bemannen.

Von der Punta Serauta aus konnten die italienischen Bersaglieri pausenlos die österreichische Besatzung in der Forcella Vu unter Feuer nehmen und deren Nachschublinie unterbrechen. Angesichts der hohen Verluste hatte ein Leutnant der kaiserlichen Armee den Einfall, sich im Gletscher einzuigeln, der damals eine Dicke von 50 Metern aufwies. In zehn Monaten gruben die Soldaten ein zwölf Kilometer langes Stollensystem (bei 1.000 Metern Höhenunterschied!), um alle Stellungen zu verbinden, einschließlich der Festung auf 3.153 Metern. Dort wurde alles für den Winter Notwendige konzentriert: Schlafräume, Küche, eine Krankenstation. Eine Herkulesarbeit, die später, nach der Niederlage der Italiener von Caporetto, nicht mehr gebraucht wurde.

Inzwischen wurde die »Stadt im Eis« mit großer Detailtreue und dem Einsatz von Originalgerät und aufgefundenen Erinnerungsstücken rekonstruiert. Zu verdanken ist dies dem Museum der Marmolata, dem höchstgelegenen Museum Europas.

Adresse Seilbahn Marmolada, Malga Ciapèla, 32023 Rocca Pietore (BL), www.museomarmoladagrandeguerra.com | Anfahrt Bus von Alleghe (www.dolomitibus.it) | Öffnungszeiten Mitte Juni–Mitte Sept. und Mitte Dez.–Mitte April täglich 9–16 Uhr (www.funiviemarmolada.com); Museumsbesuch im Ticketpreis für die Seilbahn inbegriffen | Tipp Der bei der Überschwemmung am 29. Oktober 2018 beschädigte Canyon »Serrai di Sottoguda« kann derzeit nur von der Brücke der SP641 aus eingesehen werden, bis die Arbeiten zur Wiedereröffnung des Parks abgeschlossen sind (www.serraipark.it).

81 Die Freud-Promenade

Der Weg der Psychoanalyse

Die Berge oberhalb von Bozen bilden eine Pyramide aus Weinreben und Apfelplantagen, die das Eisack- und das Talfertal voneinander trennt. Vom Rittner Horn schaut man bis zur Rosengartengruppe und zum Schlern. In der Belle Époque war dies ein beliebter Ort der Sommerfrische. Vom zentralen Waltherplatz in Bozen führte die Rittner Bahn, eine Zahnradbahn (seit 1996 Seilbahn) einen schwindelerregenden Weg hoch zum Plateau von Maria Himmelfahrt in 1.200 Meter Höhe. Reichere Familien begaben sich aus der sich im Sommer stark aufheizenden Südtiroler Metropole in höhere Lagen, um die frische Bergluft zu genießen, wovon zahlreiche Villen im alpinen Jugendstil zeugen. Noch heute verbindet die alte, sechs Kilometer lange Schmalspurbahn auf dem Hochplateau die Orte Oberbozen und Klobenstein. Die hölzernen Waggons sind noch dieselben, die Sigmund Freud, der Vater der Psychoanalyse, auf der Rückkehr von seinen Spaziergängen nahm. Die anmutige Landschaft der Wälder und Almen beflügelte seine Überlegungen zum Ödipus-Komplex.

Während eines langen Sommeraufenthalts 1911 mit Ehefrau Martha im Hotel Bemelmans-Post in Klobenstein verfasste er das Werk »Totem und Tabu«. An den Freund und Kollegen Carl Gustav Jung schrieb er: »Hier am Ritten ist es göttlich schön und behaglich. Ich habe eine unerschöpfliche Lust zum Nichtstun.« Wohl nie in der Geschichte hatte Müßiggang solch revolutionäre Auswirkungen!

Neben der »Sigmund Freud Stube«, die das Hotel seinem illustren Gast gewidmet hat, kann man auch seinen üblichen Spazierweg als Metapher der menschlichen Suche beschreiten. Die »Freud-Promenade« führt durch Wälder mit reizvollen Panoramen, vorbei an Häusern mit geraniengeschmückten Balkonen und spielenden Kindern in den Gärten sowie weidenden Kühen entlang der Trasse der alten Bahnlinie. Am lohnendsten ist der Spaziergang im Herbst, wenn die Lärchen, Ahorn- und Kirschbäume der Almen betörende Rottöne annehmen.

Adresse 39054 Oberbozen (BZ), www.ritten.com | **Anfahrt** Seilbahn von Bozen, Promenade von der Station in Klobenstein oder Oberbozen zu begehen (Wanderweg 35) | **Tipp** Im malerischen Ortsteil Maria Himmelfahrt steht das Haus des Schützenvereins aus dem 18. Jahrhundert mit 120 kunstvollen, handbemalten Schießscheiben, die hier seit 1668 von Mitgliedern gespendet wurden.

82__Die Barchessa

Ein Stück Venedig in den Alpen

Was macht ein venezianischer Bau in den Dolomiten? In der Lagune diente eine solche Barchessa als Bootsschuppen oder Werkstatt, in den Villen Palladios wurde sie als Vorratslager und Depot für landwirtschaftliches Gerät verwendet. Aber inmitten des Gebirges ist dieser Bau mit der Loggia und den sieben Rundbögen sicherlich ein architektonisches Unikum. Mit der strengen mittelalterlichen Pfarrkirche von Fiera di Primiero aus dem 11. Jahrhundert hat er nichts gemein und mit dem Schandpfahl und seinen rasselnden Ketten auf dem Kirchplatz unter den riesigen Platanen noch weniger. Gleich dahinter befindet sich das ehemalige Pfarrhaus mit einem großen Fresko aus dem 16. Jahrhundert, das zwei Schutzmantelmadonnen rechts und links von der Eingangsfassade zeigt.

Wenige Meter von diesem pittoresken Winkel des Mittelalters entfernt eröffnen sich andere Gefilde, wir stehen vor der imposanten Kirche Santa Maria Assunta aus dem 15. Jahrhundert, die die oberen Ausläufer des Ortes beherrscht, aber nicht das höchstgelegene Bauwerk ist. Diese Ehre gebührt der Capella del Colaor aus dem 16. Jahrhundert an der Hügelspitze. Der Weg dorthin ist steil, lohnt sich jedoch. Die Kapelle wurde kürzlich restauriert und bietet eine traumhafte Panoramaterrasse. Von hier oben zeichnet sich der Fremdkörper der Barchessa noch klarer ab, der wohl für das neue Pfarrhaus (1794) als Stall oder Arbeitsbereich fungieren sollte und heute verlassen ist.

Ein Schicksal, das das benachbarte Alte Pfarrhaus nicht teilt, es wird von der hier lebenden Signora wie ihr Augapfel gehütet. Mit seinem hölzernen Dachboden, den mit Geranien geschmückten Balkonen, der Trockenmauer, dem Gemüsegärtchen, dem Jägerzaun, den schönen Butzenglasfenstern im Erdgeschoss und seinen bunten Fresken ist es ein perfekter Vertreter des alpinen Stils. Unsere Barchessa aus dem Flachland mit der eleganten Reihung ihrer Gewölbe hätte eine ähnlich engagierte Besitzerin verdient.

Adresse Piazzetta del Dazio, 38054 Fiera di Primiero (TN), www.sanmartino.com | **Anfahrt** Bus Trento–Primiero (www.ttesercizio.it/extraurbano) | **Tipp** Zwischen der Kirche Santa Maria Assunta und dem Palazzo delle Miniere liegt das Geburtshaus des Ingenieurs Luigi Negrelli, der die Bauleitung der Brenner-Eisenbahn innehatte und am Suezkanal-Projekt als Arbeitsinspekteur teilnahm.

83 Der Silberkrieg

Streit um die Minen von Primiero

Weshalb steht eigentlich eine so überdimensionierte Kirche im kleinen Fiera di Primiero? Die 1495 geweihte Kirche Santa Maria Assunta ist einer der imposantesten Vertreter der nordischen Gotik in dieser Gegend, aber ihrem Bau liegt kein spirituelles, sondern ein eher irdisches Motiv zugrunde. Die Bevölkerung des Ortes war durch das unter dem Berg Bedolé geförderte Silber wohlhabend geworden. Die Silberminen waren Eigentum einer venezianischen Familie und so ergiebig, dass sie einen Konflikt zwischen Venedig und Österreich heraufbeschworen.

Dem Ereignis wird auf einer Tafel gedacht, und schon die prächtige, aus dem Silber des Bedolé gefertigte Monstranz, die die Bergarbeiter 1512 der Kirche stifteten, lässt die Bedeutung des diplomatischen Zwischenfalls erahnen. Als Venedig beschloss, einige Tiroler Adelige so lange als Geiseln einzubehalten, bis Siegmund von Österreich seine Schulden bei den venetischen Eigentümern beglichen hätte, setzte ein hektischer Austausch versiegelter Sendschreiben der Kanzleien ein. Der Erzherzog hatte gute Gründe, die Bergwerke für sich zu reklamieren, schließlich lagen sie auf seinem Herrschaftsgebiet.

Der Name der Fraktion Siror ist vom deutschen Wort Silber abgeleitet, und auch der Ortsname Fiera weist auf die Bedeutung des hiesigen Handelsplatzes am Zusammenfluss der Bäche Canali und Cismon hin. Die lokale Bergbauaktivität wurde von den Österreichern ins Leben gerufen und machte den Ort in kurzer Zeit zum reichsten im Tal. Die im 15. Jahrhundert einwandernden Bergknappen waren ebenfalls Tiroler.

Aus dieser Zeit stammt auch der »Palazzo delle Miniere«, der Sitz eines kaiserlichen Bergrichters. Man zählte damals bereits 500 aktive Stollen *(canope)*. Hinter diesen trutzigen Mauern wurde auch das begehrte und umstrittene Silber bis zum Abtransport in die Münze in Hall bei Innsbruck aufbewahrt. Ein Reichtum, der nach einem großen Gotteshaus verlangte.

Adresse Chiesa arcipretale di Santa Maria Assunta, Piazzetta del Dazio, 38054 Fiera di Primiero (TN), www.sanmartino.com | Anfahrt Bus Trento–Primiero (www.ttesercizio.it/extraurbano) | Tipp In der Via Verda befindet sich eines der ältesten Kapitelle des Tals (1603), auf dem neben dem heiligen Rochus auch der heilige Leonhard von Limoges, der Schutzpatron der Schmiede und Bergleute, mit einer Kette zu sehen ist. Nicht zufällig befindet es sich oberhalb des aufgegebenen Stollens des Monte Vecchio.

84 Die »Street Barch«

Graffiti an Holzschuppen

Wer sagt, dass es »Writer« nur in den urbanen Zentren gibt? Während die Street-Art der Peripherie der Städte entstammt und kreativer Ausdruck sozialer Missstände ist, kommt den Murales in einem Dolomitental inmitten von Wäldern und blühenden Almen eine andere Rolle zu, was sich schon am Trägermaterial bemerkbar macht.

Keine Kunstwerke auf trostlosen Mauern ehemaliger Fabriken oder Bahnhofsunterführungen sind hier zu erwarten, sondern solche an Wänden von Scheunen. Wie in Imer, einem Ort im Primörtal. Die hier »Barch« genannten Hütten stehen auf den Wiesen hinter der Bundesstraße in der an Sägewerken reichen Gegend von Giare. Also auch eine Art Peripherie, wenn man so will.

Zwei junge Künstler des Ortes, Gianluigi Zeni und Nicola Degiampietro, hatten 2016 die Eingebung, die Hütten, die im Unterschied zu den Tiroler Sennhütten nicht aus runden Stämmen, sondern aus flachen Brettern gezimmert sind, buchstäblich zu »gravieren«.

Bei ihrem ersten Barch-Projekt nutzten sie die Grautöne der alten, von der Sonne ausgebleichten und im Regen teils vermoderten Holzbohlen, dunkelten mit Feuer und Schleifmaschine das Holz ein und schabten es ab, um hellere Grundierungen zu erhalten. Hier sieht man einen zusammengekauerten, in einem Heuboden eingeschlossenen Menschen, dort große Fische als Metapher für die aus dem Meer hervorgegangenen Dolomiten, umgeben von einem Blech wie in einer Sardinendose – eine kaum verhüllte Anklage gegen die Kommerzialisierung des Massentourismus. Eine riesige Fliege an einer weiteren Hütte ist wohl nicht zufällig in der Nähe einer Müllkippe entstanden.

Anfangs waren die Bauern von Giare skeptisch, heute gefällt ihnen die »Street Barch«, die auf immer mehr Hütten im Umkreis übergreift. Denn die einfarbigen, dem Regen und der Sonne ausgesetzten Murales sind bereits organischer Teil der Landschaft geworden, was ihnen einen zusätzlichen Reiz verleiht.

Adresse Fraktion Giare, 38050 Imer (TN), www.imereventi.it | Anfahrt Bus Trento–Primiero (www.ttesercizio.it/extraurbano) | Tipp Der Verein »La Crosera« in Imer präsentiert zusammen mit der Gemeinde die Erzeugnisse lokaler Handwerker im Projekt SentArte. Zu sehen sind künstlerische, sehr originelle Holzbänke an verschiedenen Orten der Gemeinde (Infos unter www.imereventi.it/sentarte oder Karte im Rathaus erfragen).

85 Der Botìro

Schmackhafte Almkultur

Von den Almen am Rollepass, einer der Slow-Food-Bewegung angehörenden Gegend, stammt der Botìro. Die genossenschaftliche Käserei in Fiera Primiero stellt diese Butter aus roher Sahne her, in der sich die Aromen von Kuhmilch und Bergkräutern vereinen und in die die gesamte Kultur der Almen einfließt. Als Venedig noch eine mächtige Seerepublik war, die mit der ganzen damals bekannten Welt Handel trieb, gab es die Redewendung: »Gut wie die Butter aus Primiero.« Gut ist sie immer noch. Blickt man auf ihre Heimat, die wogenden Wiesen, die sich an die felsigen Hänge des Cimon della Palla schmiegen, weiß man auch, warum. Denn die Alm bietet eine unvergleichliche Mischung aus Kräutern und Hochgebirgsblumen, in der die Kühe nicht fressen dürfen, was sie wollen! Die »Comunità Montana« legt nach strengen Kriterien fest, wie viele Tiere auf den Böden weiden dürfen. Dadurch wird vermieden, dass sie das zarteste Gras komplett abfressen, da sonst Quecken wuchern und schnell die anderen Pflanzen verdrängen würden.

Um die Artenvielfalt der Alm zu erhalten, werden die Wiesen umzäunt, bis sie abgeweidet sind. Dann führt man die Tiere zu anderen Futterplätzen, so wird das ökologische Gleichgewicht bewahrt. Aber das allein genügt nicht, auch die Rinderrassen wollen sorgfältig ausgewählt sein. Statt der großen und fetten Milchkühe der Holstein-Rasse, die zwar viel Milch produzieren, aber neben Gras auch andere Futterquellen benötigen, bevorzugt man Bergrassen wie Braunvieh oder Tiroler Grauvieh. Dadurch erhält man eine Butter, die im Sommer den ganzen Duft einer Alm verströmt, wenn die Milch den Geschmack der Weiden des Rollepasses und des Bergbaches Vanoi annimmt. Daneben gibt es noch den aus Rohmilch erzeugten »Primiero Stagionato«, den Frischkäse »Tosèla«, den man mit gerösteter Polenta isst, und einen sehr leckeren »Trentingrana«, ebenfalls ein Slow-Food-Produkt. Im Caseificio Primiero kann man sie alle probieren.

Adresse Caseificio Primiero, Via Roma 179, 38050 Mezzano di Primiero (TN), Tel. +39/0439/765616, www.caseificioprimiero.com | **Anfahrt** Bus 501 von Feltre und Predazzo (www.ttesercizio.it/extraurbano) | **Öffnungszeiten** Mo–Mi und Fr, Sa 8–12 und 16–19 Uhr, So 9–12.30 und 15–18 Uhr, Do geschlossen | **Tipp** Die Käserei betreibt auch zwei Alm-Agriturismi, in denen man die Käsespezialitäten zu traditionellen Gerichten isst: Malga Rolle am Rollepass (Tel. +39/0439/768659) und Malga Fossernica im Vanoi-Tal (Tel. +39/0439/62941).

86 Die hölzerne Stapelkunst

Mit Brennholz ins Rampenlicht

In Mezzano ist das Holzstapeln eine Kunstform und der Stolz des ganzen Dorfes. Wie viele andere Orte stand Mezzano immer im Schatten des bedeutenderen Zentrums Fiera di Primiero. Die Talstraße führt (zum Glück) am Ort vorbei, und bis vor Kurzem sahen Kraftfahrer keinen Grund, am Kreisverkehr ins Zentrum abzubiegen. Heute wäre es unverzeihlich, einfach an Mezzano vorbeizufahren!

All dies ist einem Bürgermeister zu verdanken, der den kleinen, aber pittoresken Ortskern ins Rampenlicht bringen wollte. Er besann sich auf die Tugenden der Bewohner Mezzanos, die als gute Holzfäller gelten und ihr Brennholz seit jeher ordentlich entlang der Gassen, unter Balkonen und in jeder sich bietenden Einbuchtung aufzuschlichten verstehen. Weshalb nicht eine Kunstform daraus machen? Er schrieb einen Wettbewerb für den kreativsten Holzstapel aus, zog die Kunstinstitute von Pozza di Fassa und Trento hinzu und bewegte Künstler von außerhalb zum Mitmachen. Es gab nur eine Auflage: Holzstapel waren das einzige zulässige Rohmaterial. So entstand 2011 »Cataste & Canzei« – eine Dauerausstellung unter freiem Himmel, die jedes Jahr um neue Installationen bereichert wird.

Mittlerweile wurden neue Bauvorhaben im Ort realisiert, die die Vergangenheit und die Zukunft verbinden, darunter das Centro Civico vom Architekturbüro Schweizer/Piazzetta, die moderne Interpretation eines alten Hauses, in dem man keine gerade Mauer findet. Das Projekt wurde mehrfach ausgezeichnet und harmoniert mit den hölzernen *tabià* (Scheunen) aus dem 18. Jahrhundert gegenüber.

Heute gehört Mezzano mit seinen Fresken an den Hausmauern und den Sonnenblumen in den Gärten zu den »Borghi più belli d'Italia«. An der 2014 angelegten Piazza Brolo staunt man besonders im Sommer, wenn der Platz anlässlich der »Mezzano Romantica« von jungen Künstlern der New Yorker Music Academy wimmelt. Dann gibt es Kostproben ihres Geigenspiels – und dazu vielleicht ein Glas Bier.

Adresse 38050 Mezzano (TN), www.mezzanoromantica.it | Anfahrt Bus Trento–Primiero (www.ttesercizio.it/extraurbano) | Tipp Im Ort sind rund 20 Fresken zu bewundern, die fahrende Maler auf Bestellung oder im Tausch gegen Kost und Logis anfertigten. Häufiges Motiv ist der heilige Georg, der Schutzpatron von Mezzano. Am ehemaligen Pfarrhaus befindet sich eines der ältesten Wandbilder aus dem 15. Jahrhundert, das die Madonna mit Kind und einem Apfel in der Hand zeigt.

87 Die reisenden Maler

Bilderbücher an den Mauern

In den Dolomitentälern gehörten reisende Maler mit ihren Karren voller Farben und Pinseln zum normalen Bild. In Imer und Mezzano brachte diese Tradition jedoch ganz besondere Erzeugnisse hervor, die immer noch gut erhalten sind.

Die *frescanti* waren eigentlich mehr Handwerker als Künstler, gute Zeichner, die die Technik der Wandmalerei beherrschten und damit in den Tälern Geld verdienten. So zog es ab dem 17. Jahrhundert viele dieser Maler von Agordo nach Primiero. Sie folgten dem Ruf von Auftraggebern, die zu den wohlhabendsten Familien der Talgemeinde zählten. Darunter waren Notare und Priester, sodass kaum ein Pfarrhaus in der Gegend ohne Fresko an der Fassade blieb. Aber auch Bauern und das einfache Volk gaben als Geste der Dankbarkeit nach überstandener Krankheit, zum Beweis ihrer Frömmigkeit oder als Bitte um göttlichen Beistand geistliche Bilder in Auftrag. Heute ermöglichen diese meist autografierten und datierten Fresken ein faszinierendes anthropologisches Studium der Epoche, erzählen sie doch vom Volksglauben, von Bräuchen, Wünschen, aber auch von tatsächlichen Ereignissen.

Die Motive dieser erstmals im 16. Jahrhundert belegten Fresken waren stets religiöser Natur und in ihrer Vielfalt begrenzt: Der *frescante* reichte dem Auftraggeber einen Katalog, aus dem er wählen konnte. Bei Bauern beliebt war der heilige Antonius, der Schutzpatron der Ställe, während der heilige Georg als Patron von Mezzano verehrt wurde. Nachdem einer Magd im weit entfernten lombardischen Ort Caravaggio die Heilige Jungfrau erschienen war, kam auch hier die »Madonna di Caravaggio« in Mode – wahrscheinlich, weil die Bewohner der Primiero-Talgemeinde im Winter zum Arbeiten in die Lombardei zogen.

Die Fresken lesen sich wie ein verblichenes Buch mit vielen Geschichten, die sich an den Außenmauern von Höfen und alten Häusern abspielen. Es mag keine große Kunst sein, aber achtlos daran vorüberzugehen wäre ein großer Fehler.

Adresse Altstadt von 38050 Mezzano und 38050 Imer (TN) | **Anfahrt** Bus Trento–Primiero (www.ttesercizio.it/extraurbano) | **Tipp** Ein Fresko der Madonna di Caravaggio ist an der Fassade der Cassa Rurale von Mezzano (Via Roma) zu sehen, ein anderes an der Flanke eines alten Bauernhofes mit einem Kruzifix an der Fassade (Via Pomaia).

88 Der Cimon della Pala

Die Verwirrungen des Fräulein Else

In Arthur Schnitzlers Novelle »Fräulein Else« (1924), die auf den Tennisplätzen von San Martino di Castrozza beginnt, ist die große mitteleuropäische Literatur gewissermaßen kondensiert. In der Belle Époque war der Ort als Sommerfrische des gebildeten und betuchten Wiener Bürgertums bekannt. Hierher kam man nicht nur, um die Alpenluft zu genießen, sondern auch wegen der unwiderstehlichen Faszination der nahen Berge. Es war eine romantische Auffassung der Natur, die sich in einer Mischung aus Bewunderung und Angst manifestierte, die Victor Hugo »furchtbare Schönheit« genannt hatte.

Die Erhabenheit des Cimon della Pala beeindruckt das Fräulein Else. »Unheimlich, riesig der Cimone, als wenn er auf mich herunterfallen wollte!« Aus ihr spricht die Ungewissheit einer ebenso unbeschwerten wie trügerischen Zeit kurz vor Ausbruch des Ersten Weltkriegs und dem Zerfall der österreichisch-ungarischen Monarchie.

Im Sommer fanden sich in San Martino di Castrozza stets auch viele jüdische Gäste ein, die bei Spaziergängen plauderten, als wären sie in einem Wiener Salon. Schnitzler selbst wohnte im Hotel Dolomiti, das in der Erzählung zum Hotel Fratazza wird, ein heute nicht mehr existierendes, damals von Märchenwäldern umgebenes Haus. Auch der Musiker Richard Strauss und der Physiker Enrico Fermi waren hier zu Gast. In ihrer Biografie erinnert sich die (jüdische) Ehefrau von Fermi an den 2. September des Jahres 1938, als das Paar dort im Radio die Verkündung der faschistischen Rassegesetze miterlebte. Im Roman »Die Gärten der Finzi-Contini« (1962) von Giorgio Bassani scheint der jüdische Ich-Erzähler über dem Heimweh nach San Martino die harsche Realität der Rassegesetze zu verdrängen: »Im August in die Berge? Um Himmels willen. Außerdem … Juden sind überall unerwünscht. Hast du das vergessen?« – »Alles nur Geschichten«, antwortet der andere. »In San Martino zum Beispiel nicht. Nach San Martino kann man noch fahren.«

Adresse 38050 San Martino di Castrozza (TN), www.sanmartino.com | **Anfahrt** Bus 501 von Feltre und Predazzo (www.ttesercizio.it/extraurbano) | **Tipp** Das Hotel der Fräulein Else lag am Waldrand, wo heute die Kabinenbahn Tognola abgeht. Die letzten historischen Anwesen in San Martino sind das Hotel Des Alpes (1900), das Hotel Regina (1920) und die Residence Madonna (1897), die Sommerresidenz eines österreichischen Adelspaars, die am ursprünglichsten geblieben ist.

89 Das Steinmännchen

Die Tatarenwüste

Das Kalkstein-Hochplateau der Pale in über 2.500 Meter Höhe gleicht in seiner unwirtlichen Trockenheit einer Mondlandschaft. Kein anderer Ort in den Dolomiten weist ein so ausgedehntes Geröllbett auf. Dessen Ende lässt sich nicht absehen, denn das gipfellose Plateau ist auf 50 Quadratkilometern vollständig flach.

Kein Wunder also, dass der italienische Schriftsteller Dino Buzzati, ein eifriger Begeher der Palagruppe, in dieser Szenerie die Inspiration für seinen berühmtesten Roman »Die Tartarenwüste« gefunden hat.

Von San Martino di Castrozza aus kann man sich mit der Kabinenbahn »Rosetta« in dieses so faszinierende Ödland transportieren lassen. Vor allem bei Nebel besteht die Gefahr, sich hier heillos zu verirren. Zum Glück für die Wanderer gibt es die *ometti*, die allseits bekannten Steinhaufen, die seit jeher in aller Welt Wege markieren, sei es in den Wüsten der Sahara oder in den Gebirgskämmen der Anden. Ihre Präsenz symbolisiert immer auch Beistand und Hilfe. Das regt zum Nachdenken an: Wie oft schon hat uns der Steinmann den richtigen Weg gewiesen und uns einen Seufzer der Erleichterung entlockt, wenn wir uns verlaufen hatten? Seine Botschaft ist so klar wie beruhigend: Hier war schon einmal jemand. Kann man sich daher ein passenderes Setting für den Steinmann vorstellen als diese desolate steinerne Wüste der Hochebene der Pale? Schluss mit Schildern, Wegweisern, roten Punkten an Felsen. Um uns nicht mehr zu verirren, folgen wir ab jetzt den Steinmännchen, die wie die von der Fremdenlegion in der Sahara aufgerichteten »Balisen« den Weg säumen.

Ein Stonehenge von zu Pyramiden aufgeschichteten Steinen führt zur Cima Rosetta und zur gleichnamigen Schutzhütte, einer der ältesten von der SAT gebauten Hütten (1889). Jedes Mal, wenn rucksackbewehrte Wanderer an dem Wegweiser vorübergehen, fügen sie voller Dankbarkeit einen weiteren Stein hinzu.

Adresse Seilbahn Colverde–Rosetta, 38054 San Martino di Castrozza (TN), www.sanmartino.com | **Anfahrt** Bus 501 von Feltre und Predazzo (www.ttesercizio.it/extraurbano) | **Öffnungszeiten** Juni–Mitte Okt. 8.10–16.40 Uhr (www.impiantices.it) | **Tipp** Man kann auch zu Fuß über das Val di Roda absteigen, das für seine mäandernden Wildbäche bekannt ist. Der Wanderweg (Wegweiser 702) wurde 1905 von einem deutschen Adligen, dem Baron von Lesser, angelegt.

90__Das Gespenst von Piubago

Ein verschwundenes Dorf

Die unscheinbare Kapelle San Giacomo hat eine seltsame Geschichte zu erzählen. Mit ihrem Steildach aus Holz steht sie auf einer Bergweide und wird von den Resten einer Trockenmauer umgrenzt. Erst beim Näherkommen erschließt sich ihre Besonderheit: Durch ein Eisengatter erspäht man im Inneren Fresken aus dem 17. Jahrhundert, ein Christus in der Mandorla vor einem bestirnten Himmel, umgeben von den Tieren, die die Evangelisten Lukas, Johannes und Markus symbolisieren. Der heiligen Matthäus als Engel mit einer flatternden Schriftrolle, eine Verkündigung und verschiedene Putten und Heilige vervollständigen das Bild. Das Fresko ist verblichen, aber seine reiche Bildsprache ist unmittelbar ersichtlich.

Der Legende nach war dies die Kirche eines verschwundenen Ortes namens Piubago. Da archäologische Belege für ein verschüttetes Dorf in der Gegend fehlen, wissen wir nicht, was hier geschehen ist. Aufgrund der geografischen Beschaffenheit des Gebiets kann man nur mutmaßen, dass die Gegend zwischen Tonadico und Siror, wo der Gebirgsbach Canali in das Primörtal fließt, zwischen 1114 und 1117 Opfer eines Erdbebens und mehrerer Überschwemmungen gewesen sein könnte. Denn auch die auf einem bewaldeten Felsvorsprung am Eingang des Val Canali liegende Burgruine Castel Pietra wurde bereits mehrmals fast vom über die Ufer getretenen Bergbach fortgespült. Am linken Flussufer gelegen, nutzte man dort die Energie des Wassers für eine Mühle und eine Werkstatt. Das letzte Hochwasser von 1865 bewirkte den Einsturz von Mauerteilen, sodass das Gebäude aufgegeben werden musste.

Auch wenn keine belastbaren Belege für die Existenz eines verschütteten Ortes vorliegen, schwören die Alten von Siror, dass sie nachts Irrlichter um die Kapelle von San Giacomo sehen und düstere Wehklagen vernehmen – die Stimmen der Bewohner von Piubago, dessen Name immerhin im Wappen der Gemeinde von Siror auftaucht.

Adresse Via San Giacomo 1, 38054 Siror (TN) | Anfahrt Bus Trento–Primiero (www.ttesercizio.it/extraurbano) | Tipp Vier Kilometer weiter südlich findet man in der Metzgerei Bonat eine Vielfalt von vor Ort hergestellten Fleisch- und Wurstspezialitäten. Außerdem gibt es hier leckere Knödel (Via S. Fosca 19, Mezzano, Tel. +39/0439/725292).

91 Die Baumriesen

Der Wächter des Waldes

Vor den riesigen Fichten des Noanatals hält ein Holzfäller Wache. Er besteht selbst aus Holz, hat eine Pfeife im Mund, in der einen Hand einen Regenschirm, in der anderen den *zapin*, ein traditionelles Werkzeug. Er erinnert an die Holzfäller zu Zeiten der *Serenissima*, als die Stämme über ein System aus Flößen talwärts getrieben wurden, während man sie im Winter bei vereisten Flüssen mit Pferden durch den Schnee Richtung Venedig zog.

Der älteste dieser Forste erstreckt sich auf 1.000 bis 1.600 Höhenmetern an einem sehr steilen Hang auf der linken Flussseite. Das Wasser hat hier einen Canyon gegraben, der von einem Staudamm abgeschlossen wird. Die Straße führt in steilen Serpentinen den Berghang hoch zum Forsthaus von Valpiana und ist nicht für jeden Fahrzeuginsassen ein Vergnügen.

Der in den Stamm einer Tanne geschnitzte Holzfäller wacht als einzige »menschliche« Präsenz weit und breit über diesen uralten Wald. In die märchenhafte und auch ein wenig unheimliche Umgebung dringt nur wenig Sonne, sodass die Bäume sich nach dem Licht recken. Überwiegend wachsen hier Fichten und Weißtannen, aber auch Eiben und monumentale Buchen. Der »Rundweg der Riesenfichten« führt zu den schönsten Ecken des Parks wie dem Carbonère-Tal mit einer uralten Eibe. Neben seinem Status als besonderes Schutzgebiet zeichnet den Wald auch noch der Umstand aus, dass er im Gegensatz zum Naturpark von Paneveggio den Sturm vom Herbst 2018 heil überstanden hat.

Den Weg säumen Tafeln, auf denen man erfährt, dass die »Säulenfichte« bis zu 500 Jahre alt wird und der Baum daneben 47 Meter hoch ist, was einem fünfstöckigen Gebäude entspricht. Aber es gibt noch anderes zu sehen: Um über dem dichten Blätterdach ein Stück Horizont auszumachen, muss man zum Hof in Val Stua di Sopra hochsteigen. Das Areal um diesen alten, sonnengegerbten Berghof wurde entwaldet, um Weideflächen für den Sommer zu gewinnen. Die Arbeit von Holzfällern, versteht sich.

Adresse SP221 Val Noana, Fraktion Casina Valpiana, 38050 Mezzano (TN) | Anfahrt kurz vor dem Staudamm die asphaltierte Straße rechts nehmen, die zum Forsthaus *(casina forestale)* Valpiana ansteigt und dort endet, dort Start des gut ausgeschilderten »Sentiero degli abeti giganti« (kurze Route 1,5 Stunden) | Tipp Es lohnt sich, bis zum Ende des Noanatals zu wandern, wo sich die von Juni bis Oktober geöffnete Hütte Fonteghi befindet. Sie bietet gute Küche und bildet den Ausgangspunkt zum Canyoning in der spektakulären Schlucht des Rio Neva.

92 Die Via Ferrata Buzzati

Die Obsession eines Schriftstellers

Der Autor, Journalist und Künstler Dino Buzzati drückte seine Liebe zu den Dolomiten vielfältig aus. Die Civettagruppe, der Monte Schiara, aber vor allem die Pale di San Martino waren seine Lieblingsgipfel, die er schon als Jugendlicher erklomm. Er sah sich als Alpinisten und fand in diesen Bergen die Inspiration für einige seiner Schlüsselerzählungen, etwa für die Wälder in »Die Männer vom Gravetal« und die unbeweglichen Horizonte in »Die Tatarenwüste«. Als Berichterstatter des Corriere della Sera nutzte er jede Gelegenheit, Bergsport zu betreiben, und war sehr enttäuscht, als ihm der damalige Direktor 1954 die Teilnahme an der italienischen Expedition auf den K2 verweigerte.

Für Buzzati war das Gebirge eine »Liebesbesessenheit«, er litt so sehr unter dem Leben in der Stadt, dass er in Gedanken die Fialen des Mailänder Doms in Felsnadeln der Dolomiten verwandelte. Er war ein Konservativer im buchstäblichen Sinne, der die Unveränderlichkeit der Berge und die uralte Kultur der Bergbewohner liebte.

Oft begab er sich mit seinem besten Freund, dem Bergführer Gabriele Franceschini, ins Val Canali. Dieser hatte an der Palagruppe über hundert neue Routen erschlossen, keiner kannte die Berge besser als er. Als Buzzati starb, widmete Franceschini ihm am Monte Cimerlo einen Klettersteig, der heute »Via Ferrata Buzzati« heißt. Die anspruchsvolle Route führt durch steile, wenig begangene Felshänge und erfordert einiges an Ausdauer sowie viel Vertrauen in die eigenen Kletterkünste.

Diese Seite des Val Canali wird von bukolischen Wiesen am Waldrand geprägt. Am Ausgang im Ort Prati Fosne nehmen sich die Berghöfe unter dem Dach eines riesigen Findlings fast wie Krippenzubehör aus – wären da nicht die Schilder, die das Betreten der Wiese verwehren. Diese Panoramen haben auch den bildenden Künstler Buzzati inspiriert, dessen Gemälde die Landschaft auf poetische Weise einfangen.

Adresse Ortsteil Prati Fosne, Val Canali, 38054 Primiero (TN) | **Anfahrt** von Primiero das Val Canali bis zum Weiler Cant del Gal durchfahren, dann mit dem Auto oder zu Fuß auf der Schotterstraße links den Schildern nach Fosne (Weg 731) folgen | **Tipp** Im Val Canali lohnt auch ein Besuch der Villa Welsperg. Hier ist die Leitung des Parks von Paneveggio untergebracht, die Bibliothek des Hauses hält eine Sparte mit Dino Buzzatis Werken bereit (www.parcopan.org).

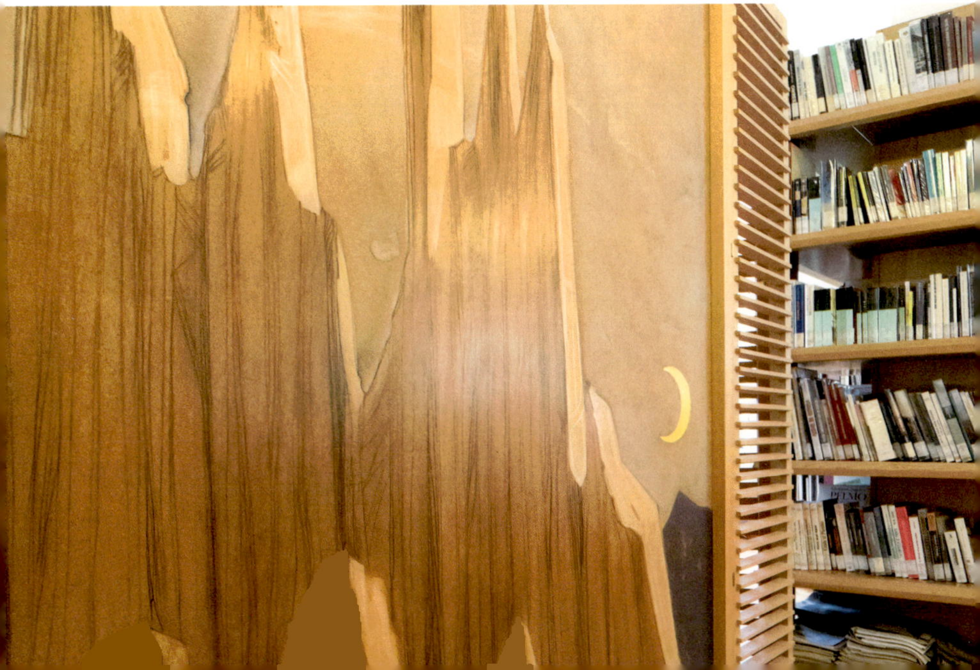

93 Die heilige Kümmernis

Der Gott der Frauen

Inmitten einer Wiese liegt ein Hügel, auf dem eine Wohnburg mit Stall, Zinnenturm und Kirche thront: die Lamprechtsburg. Obwohl sie seit 200 Jahren in Privatbesitz der Familie Niederkofler ist, steht ihr Tor offen. Denn die praktizierende Katholikin Elisabeth möchte, dass die Kapelle der heiligen Kümmernis immer für Frauen zugänglich ist, wie es ihre Großmutter und die Generationen vor ihr stets gehalten haben.

Als kleines Mädchen sah sie Bäuerinnen am Vorabend des Stegener Marktes hierherkommen, um die Nacht zu Füßen des seltsamen Kruzifixes zu verbringen, einer weiblichen Version des gekreuzigten Christus. Der größte Markt Tirols fand damals wie heute im Oktober in Bruneck statt. Frauen, die von ihren Ehemännern dorthin geschickt wurden oder zu Fuß vorgingen, legten oft heimlich einen Umweg über die Burg ein. Im Warmen und in Sicherheit beteten sie hier zur Heiligen mit dem Bart und den Ballerinas an den Füßen, damit sie sie vor Gewalt, Übergriffen und Krankheiten beschützte. Sie taten dies versteckt vor den Männern und natürlich vor der Kirche, die diesen ihrer Meinung nach heidnischen Brauch bekämpfte.

Das Kruzifix der Lamprechtsburg ist ein seltenes Beispiel für eine heilige Kümmernis, auch Wilgefortis genannt. Am Ursprung des Kultes steht die Legende eines Mädchens, der Tochter eines portugiesischen Königs im 8. Jahrhundert, die Gott ihre Jungfräulichkeit geschenkt hatte. Da sie vom Vater zum Heiraten gezwungen wurde, bat sie den Herrn, ihr Gelübde und ihre Keuschheit zu bewahren. So wuchs ihr am Vorabend der Zeremonie ein Bart, ein Merkmal, das die Ikonografie des Kults maßgeblich geprägt hat. Vermählt wurde sie nicht, dafür aber gekreuzigt. Die Figur mit ihrer androgynen Gestalt avancierte zu einem mächtigen Symbol des Feminismus.

Dank Elisabeths Engagement ist ihre heilige Kümmernis auch nach über tausend Jahren ein anschaulicher Protest gegen die noch immer stattfindende Gewalt gegen Frauen.

Adresse Lamprechtsburg, Fraktion Reischach, Puenlandstraße, 39031 Bruneck (BZ) | Anfahrt mit dem Zug bis Bruneck, dann weiter mit dem Bus (www.sii.bz.it) | Tipp Im Ortsteil Reischach steht in der Hans-Theodor-Niederbacher-Straße 1 mit dem Ansitz Angerburg eines der ältesten Adelsgebäude Brunecks. Erbaut im 11. Jahrhundert, erhielt es seine aktuelle Gestalt im 16. Jahrhundert.

94 Das Stift Innichen

Der Knochen des Riesen

Wenn sich die Bedeutung eines Tals proportional zur Schönheit seiner Bauwerke verhält, dann liegt das Pustertal ganz vorn. Das Kollegiatsstift Innichen illustriert dies bestens.

Die Kirche aus dem 8. Jahrhundert wurde 1143 Stift und nahm nach einem verheerenden Brand im 13. Jahrhundert ihre heutige Gestalt an. Zusammen mit der zur selben Zeit (1142) errichteten Abtei von Neustift nahe Brixen erlebte das Kloster unter der fast acht Jahrhunderte dauernden Herrschaft des Fürstbischofs eine Zeit der Pilgerreisen und der großen kommerziellen und kulturellen Blüte in einem Gebiet, das als Scharnier zwischen Deutschland und Norditalien fungierte. Es wirkt ob seiner Ausmaße und seiner Formensprache sehr imposant, vor allem im Vergleich zur übrigen Bebauung des Ortes.

Es ist das schönste Beispiel für die romanische Baukunst in Tirol und ein wahrer Schatz an Entdeckungen. Dabei verbindet die Romanik spartanische Gebäude mit gewaltigen Ausmaßen, wobei überall der nackte Stein zu sehen ist. So auch im kühlen Säulenlabyrinth, das das Kreuzgewölbe der unterirdischen Krypta stützt – ein Symbol für feierliche Frömmigkeit ohne Frivolitäten und barocke Ornamente. Wäre da nicht ein kurioses Objekt hoch oben in der Gegenfassade über dem Eingangsportal.

Dort hängt ein prähistorischer Knochen. Der Legende nach gehört er zu einem Riesen, der den Benediktinermönchen beim Bau des Klosters half. In Wirklichkeit ist es die Rippe eines Dinosauriers, die ein Pilger auf seiner Rückkehr vom Heiligen Land 1650 als Votivgabe hinterlassen hat. Derartige Souvenirs waren damals nichts Ungewöhnliches. Sie sind Ausdruck der Geschichte des Stifts und der Gottesfurcht eines Tals, wie auch die meisterlich gefertigte Holzgruppe der Kreuzigung und die Fresken der Kuppel mit Szenen aus der Schöpfungsgeschichte. Bei den reichhaltig vorhandenen Naturmotiven hatte der Maler sicher keine Schwierigkeiten, Inspiration im Tal zu finden.

Adresse Attostraße 1, 139038 Innichen (BZ) | Anfahrt Regionalzug Bozen–Innichen (www.trenitalia.com) | Öffnungszeiten täglich 8–18 Uhr | Tipp Das Stiftsmuseum in der Attostraße 2 besitzt eine bedeutende Sammlung sakraler Kunst (Juni–Mitte Okt. Di–Sa 11.30–17.30 Uhr).

95__Die Alpe Nemes Hütte

Die Alm der Moore und der Bunker

Dies ist ein seltsamer und besonderer Ort. Eine Mulde grüner Auen, ein Biotop, das irgendwo zwischen See und Land angesiedelt ist. Es sind die Torfmoore von Palù an der Alpe Nemes Hütte, die Besucher dank der Holzstege überqueren können, ohne bis zu den Knien im Gras, Moos oder in Tümpeln zu versinken.

Eine Halbwelt auf 1.850 Höhenmetern, die an das Auenland von Tolkien erinnert und auch im Winter faszinierend wirkt, sieht man einmal von der Langlaufpiste ab, die dann hier durchführt. Der Sommer hingegen feiert hier eine Explosion bunter Blumen, wie sie typisch für Feuchtgebiete in Höhenlagen sind: Wollgräser, Erika und Blaubeeren lieben saure Böden. Untermalt wird das Blütenmeer von einem Konzert unzähliger Vogelarten, dem Hämmern des Grünspechts an den Lärchen und dem Quaken der Frösche.

Die landschaftliche Besonderheit dieser Gegend hat das italienische Umweltministerium zur Einrichtung eines Naturschutzgebietes bewogen. Das Biotop Seikofel-Nemes (etwa 250 Hektar) mutet aufgrund der wenigen Erhöhungen ringsum endlos an. Hinter dem Sextental sieht man die großen Gipfel dieses Teils der Dolomiten: den Hochbrunner Schneid, die Sextener Rotwand, die Dreischusterspitze. Und doch erzählen diese sanften Landschaften von seltener Schönheit auch eine andere Geschichte.

Über den Kreuzbergpass, der immer noch Venetien von Südtirol trennt, verlief ein Wall aus sieben Verteidigungsanlagen, die Italien gegen einen eventuellen deutschen Einmarsch schützen sollten. Eine davon liegt etwa 20 Gehminuten vom Pass entfernt auf dem Wanderweg 131, der zur Torfalm führt. Es ist ein runder Betonbunker, der perfekt in die ihn umgebende Waldlandschaft eingebettet wurde. Nähert man sich, sorgen seine Abmessungen und die um 360 Grad schwenkbaren Kanonenrohre nicht selten für betretenes Schweigen.

Zum Glück dienen die Grenzen heute nur noch dazu, die so artenreiche Pflanzenwelt der Feuchtwiesen des Hochgebirges zu bewahren.

Adresse 39030 Kreuzbergpass (BL), Tel. +39/347/0119360 | **Anfahrt** Bus 446 von Innichen (www.holzer.eu); Bus 440 von Santo Stefano di Cadore (www.saf.ud.it), vom Kreuzbergpass Weg 131 zur Alpe Nemes Hütte nehmen (1,5 Stunden, Höhenunterschied 250 Meter) | **Tipp** Um die Bunker ausfindig zu machen, müssen Sie dem Weg 131 folgen und nach etwa 20 Minuten nahe einer Schranke in einen Pfad Richtung Süden einbiegen (50 Meter).

96__Das Gebirge der Zukunft

LUMEN und das dreifache Messner-M

Die Zukunft des Alpinismus kann man auf dem Gipfel des Kronplatzes bewundern. Zu den sich kreuzenden Wanderwegen, Skipisten, Skiliften und Kabinenbahnen, die von jeder Seite aufsteigen, hat sich seit einiger Zeit der kontrovers diskutierte Bau der Star-Architektin Zara Hadid gesellt. Die drei M für »Messner Mountain Museum« sind deutlich sichtbar, genau wie die drei Erker, die aus dem Berg ragen, und die auf die Geislergruppe gerichtete Terrasse.

Seit 2019 gibt es auch das LUMEN, ein Museum der Fotografie, das in die alte Bergstation der Seilbahn Kronplatz eingezogen und vom Brunecker Studio EM2 auf 2.275 Metern realisiert worden ist. Die Gestalt des Kubus ist eine Hommage an die Daguerreotypie, in der sich wissenschaftlicher Anspruch und ästhetische Vision der Landschaft vermischten. Ende des 19. Jahrhunderts begannen die ersten englischen Alpenreisenden ihre Aufnahmegeräte mit auf die Gipfel zu nehmen, um Landschaften einzufangen und dann mit Pinsel und Palette neu zu interpretieren. Andererseits erkannten Gebirgserforscher das Potenzial dieser Technik für die wissenschaftliche Arbeit. Wer kennt nicht die Schwarz-Weiß-Fotos der Expeditionen von Vittorio Sella im Himalaja? Hier sind sie in der historischen Abteilung »Wall of Fame« mit besonderem Fokus auf die Dolomiten zu sehen. Von schweren Glasplatten bis hin zu farbenprächtigen Pixeln sind Fotografien aller Epochen ausgestellt. Ist die riesige Blende geöffnet, zeigen sich dahinter eine Glaswand und die Skyline der Gipfel, ist sie geschlossen, verwandelt sie den Raum in ein Kino für Dokumentarfilme.

Das nahe gelegene Messner-Museum im unterirdischen Berg-Bau von Hadid liefert mit Gemälden, Erinnerungen und Fundstücken bekannter Bergsteiger ein weiteres Puzzlestück in der Beziehung zwischen Mensch und Gebirge. Messner war der Erste, der den Mount Everest ohne Sauerstoff bestieg. Heute ist er auch Pionier, wenn es darum geht, vom Gebirge zu erzählen.

Adresse Seilbahnstraße 10, Fraktion Reischach (Bergbahnstation Kronplatz), 39031 Bruneck (BZ), www.kronplatz.com | Anfahrt Zug bis Bruneck, dann Bus bis Reischach (www.sii.bz.it) | Öffnungszeiten beide Museen gemäß der saisonalen Öffnungszeiten der Seilbahn, Infos unter www.lumenmuseum.it, www.messner-mountain-museum.it | Tipp Das Restaurant von Norbert Niederkofler im Museum LUMEN kredenzt Gerichte aus dem Gebirge bei großartigem Ausblick (Tel. +39/0474/431072). Der Kronplatz ist nur eines von sechs Messner Mountain Museen. Sehr innovativ ist auch dasjenige auf dem Monte Rite zwischen Cortina und Pieve di Cadore, das dem Bergsteigen in den Dolomiten gewidmet ist.

97 Die Kochkunst von Helene

… und das Vermächtnis von Frau Emma

Die berühmteste Wirtin des Pustertals nannte man aufgrund ihres langen Namens nur Frau Emma. Niederdorf hat ihr eine Straße gewidmet, die direkt auf den Platz des Hotels Adler zuläuft, wo ihre Erbin im Geiste, Helene Markart, heute ihre eigenen Zauberkünste in der Küche zelebriert. Zwischen beiden Frauen liegen mehrere Generationen, denn Emma wurde 1817 geboren, aber beide haben die gleiche Leidenschaft für den Beruf der Gastwirtin.

Der Gasthof von Frau Emma, damals Schwarzer Adler (heute Hotel Emma), wurde Mitte des 19. Jahrhunderts zu einem beliebten Domizil von Reisenden gehobener Klasse. Dazu gehörten Adlige, Literaten und Großbürger, die damals die Dolomiten für sich entdeckten. Der Ruf ihres Hauses und ihres Menüs, das Emma stets durch kulinarische Neuerungen aus Wien anzureichern verstand, gelangte sogar Kaiser Franz Joseph zu Ohren und förderte zusammen mit den benachbarten Thermalbädern und der Eröffnung der Bahnlinie 1871 den Tourismus. Noch heute ist ihr das ganze Pustertal dafür dankbar.

Das Geheimnis ihres Erfolgs führt Helene als Wirtin und Köchin des heutigen Hotels Adler weiter, schließlich sind die Parallelen zwischen den beiden Frauen unübersehbar: Ihr Haus liegt am selben Platz wie das Hotel Emma, und beide haben ihre Kindheit auf einem Berghof inmitten von geschnittenem Heu, unbelassener, soeben gemolkener Milch, frischen Eiern und dem hauseigenen Gemüse verbracht.

Mit einer gewissen Nostalgie erinnert sich Helene an den Duft der Wacholderbeeren, des Specks und des noch nicht abgefüllten Weins in der Kellerei. Das sind Essenzen einer Tradition, die ihre heutige gastronomische Tätigkeit bestimmen und auch dem schlichtesten Knödel Noblesse verleihen. In einem Tal, dessen ladinische Kultur Roggen und Buchweizen hochhält, wo andernorts längst die Polenta die Vorherrschaft innehat, sind Helenes Kreationen sanfte Revolutionen.

Adresse Hotel Adler, Von-Kurz-Platz 3, 39039 Niederdorf (BZ), Tel. +39/0474/745128, www.hoteladler.com | Anfahrt Zug Bozen–Niederdorf (www.trenitalia.it); Zug Franzensfeste–Niederdorf (www.sii.bz.it) | Tipp Auf dem Platz mit den Grünflächen zwischen Frau-Emma-Straße und Parkstraße steht ein 170 Zentimeter hoher Meilenstein der durch das Pustertal verlaufenden Römerstraße, der auf Kaiser Decius zurückgeht (249–251 nach Christus).

98__Die Sonnenburg

Wellness für Äbtissinnen

Heute ist sie eines der prächtigsten Anwesen ganz Tirols, früher war sie ein Benediktinerkloster mit den strengen Regeln der reinen Geistlichkeit, in dem man sich den fleischlichen Genüssen verweigerte. Die Sonnenburg hat viele Wandlungen hinter sich: von der frühgeschichtlichen Siedlung zum Luxushotel. Ihre bedeutendste Epoche begann 1039, als die Burg, die von der Spitze einer Anhöhe das Pustertal überwachte und Verwaltungssitz der Grafschaft war, in ein Frauenkloster umgewidmet wurde. Auf diese Zeit soll die Kapelle mit der freskenverzierten Krypta zurückgehen. Einige Jahrhunderte lang ging alles seinen Gang, bis der Bischof von Brixen, Nikolaus von Kues – ein gebildeter Mann, Philosoph, Wissenschaftler, Intimus des Papstes sowie mehrfach päpstlicher Legat – in Konflikt mit der streitlustigen Äbtissin Verena von Stuben geriet und sie schließlich 1458 exkommunizieren ließ.

Angeblich geschah dies wegen des zu freizügigen Betragens der Nonnen, in Wirklichkeit aber war die Maßnahme Folge eines politischen Konflikts zwischen Herzog Sigmund von Österreich, der die Adligen auf seiner Seite hatte, und dem Fürstbischof von Trient, der seine Hoheit über die verwalteten Gebiete nicht verlieren wollte. Die Nonnen waren adligen Geblüts und bereicherten das Kloster durch ihre Güter, was man an dem noch vorhandenen Dekor erkennen kann. Es verwundert daher nicht, dass die Äbtissin zu den Adligen hielt. Kues schickte ihr sein Heer entgegen. Als er sich jedoch einer kaiserlichen Übermacht gegenübersah, musste er kapitulieren und nach Rom fliehen.

Was genau innerhalb der Mauern zwischen den Schwestern, Gott und den Herren von Tirol vorgegangen ist, wissen wir nicht. Sicher ist, dass sie nicht am Hungertuch nagen mussten, sondern von der reichen Aussteuer ihrer Familien gut leben konnten. Wahrscheinlich jedoch nicht ganz so luxuriös wie die heutigen Gäste, die die Sonnenburg mit Sauna und Spa verwöhnt.

Adresse Hotel Schloss Sonnenburg, 39030 St. Lorenzen (BZ), Tel. +39/0474/479999, www.sonnenburg.com | **Anfahrt** Bahnhof St. Lorenzen, Brennerstrecke (RIF und ÖBB) | **Tipp** Unterhalb des Schlosses wurde der mittelalterliche Garten der Philosophin, Dichterin, Naturforscherin und Heilerin Hildegard von Bingen mit 200 Heilpflanzen nachgebaut.

99 Die Sextener Dolomiten

Eine Sonnenuhr aus Gipfeln

Es ist die größte Uhr der Welt, ihre Zeiger sind die Strahlen der Sonne, ihre Skalenpunkte die Gipfel der Berge. Die Anordnung der Bergspitzen und die Ausrichtung des Tals, der das Auge des Betrachters folgt, machen die Sextener Dolomiten zu einer natürlichen Sonnenuhr. Eine ähnliche Mittagslinie gibt es in der Fanesgruppe im Gadertal, auch hier verraten die Ortsnamen, dass die Bauern an den Gipfeln der Berge die Tageszeit ablesen konnten, zumindest bei geeignetem Wetter, wenn die Sonne die Gipfel beschien. Das Sextener Gebirge und die Gemeinde Sexten sind abgeleitet von *sextus*, dem lateinischen Wort für »sechs«. Natürlich ist diese spezielle Uhr von den Jahreszeiten abhängig und deshalb selten auf die Sekunde genau.

In Moos im Hochpustertal hat man drei der fünf Gipfel der Gruppe besonders gut im Blick: den Elfer, den Zwölfer und den Einser, während der Neuner und der Zehner verborgen bleiben. Im Tagesverlauf fällt das Licht der Morgensonne zuerst auf den niedrigsten der Gipfel mit 2.582 Metern, um dann auf den Zehner und die Sextener Rotwand zu treffen. Sie ist in bergsteigerischer Hinsicht die interessanteste, 1878 wurde sie von Michael Innerkofler und Roland von Eötvös erstmals erklommen. Später scheint die Sonne auf den Gipfel des Elfers, den höchsten Gipfel der Gruppe (3.092 Meter), dann auf den Zwölfer (den Mittagsweiser), besser bekannt als Croda dei Toni, um sich schließlich auf den am westlichsten gelegenen Einser zu legen, von dem 2007 ein großer Erdrutsch ins Fischleintal abging.

Ein wichtiger Bezugspunkt der Riesenuhr ist die Wintersonnenwende am 21. Dezember, wenn die Sonne genau um 12 Uhr mittags in ihrem Zenit auf den Zwölfer trifft. In Innichen wird man verständlicherweise keine Sonnenuhren an den Hauswänden finden, wie es in anderen Gegenden Tirols der Fall ist. Man brauchte so etwas hier nicht.

Adresse Aussichtspunkt: Gasthof Panorama, Mitterberg, 39030 Sexten (BZ) | **Anfahrt** Pustertal-Eisenbahn (www.trenitalia.com) | **Tipp** Neben dem Aussichtspunkt, von dem aus man die Sextener Dolomiten im Blick hat, steht eine alte österreichische Festung aus dem Ersten Weltkrieg – eine von insgesamt sieben, die den Passo Tre Croci verteidigten. Weiter die Straße hinunter trifft man auf malerische Berghöfe.

100 Die Gustav-Mahler-Stube

Der Gesang der Erde

Im Sommer 1908 begab sich Gustav Mahler in die Dolomiten. Er war auf der Suche nach Ruhe, um seine Lieder zu komponieren, und hoffte, dass die Abgeschiedenheit seiner gepeinigten Seele Linderung verschaffen würde, die er anderswo nicht fand. Tatsächlich ergriff ihn hier bald eine tiefe Liebe zur Natur. Die Wanderungen durch die Wiesen, die Pausen an den Ufern silberner Seen, die majestätischen Gipfel, die Wälder und Bergbäche inspirierten ihn zu seiner wohl schönsten Komposition. »Das Lied von der Erde« ist eine grandiose Hymne an die Natur, die Mutter allen Lebens, die Gegensätze wie Licht und Finsternis oder Leben und Tod in sich vereinigt.

Mahler war sich der Einsamkeit bewusst, zu der er verdammt war. »Zu seltsam und neu ist das, was ich schreibe, meine Sprache erscheint unsinnig und unverständlich.« Bis auf eine verschworene Gruppe von Freunden war er auch in Wien, der Hauptstadt der Musik, isoliert, als er dort von 1897 bis 1907 die Hofoper leitete. Er flüchtete schließlich nach Toblach ins Pustertal. Eine Holzhütte, umgeben von Fichten und Lärchen, die sich im Spätsommer bereits rötlich färben, wurde sein Zuhause. Eine fruchtbare Kompositionsphase setzte ein. Er versuchte hier, eine existenzielle innere Leere zu füllen, die vielerlei Ursachen hatte: eine Krise in der Beziehung zur geliebten Frau Alma, der Tod der Tochter, seine eigene Krankheit und Enttäuschungen an der Metropolitan Opera und dem Philharmonic Orchestra in New York. Mahler war nur die kleine Holzfällerhütte geblieben, die ihm die Besitzerin des Gasthofs Trenker zur Verfügung stellte; es gibt sie noch heute, sie liegt versteckt im Wald. Ein Fenster, einen Ofen, um sich zu wärmen, einen Stuhl und einen Tisch voller Blätter – mehr brauchte er nicht. Hier schrieb das größte Musikgenie des 20. Jahrhunderts zwischen 1908 und 1910 die neunte und die zehnte Symphonie, die jedoch unvollendet blieb.

Adresse Fraktion Altschluderbach 3, 39034 Toblach (BZ), www.gustavmahlerstube.com | Anfahrt Zug nach Toblach (www.trenitalia.it), dann Bus 448, Haltestelle Rienz | Öffnungszeiten Hütte auf dem Gelände des zoologischen Parks, Juni–Sept. 9–17 Uhr, Okt.–Mai 9–16 Uhr (Do geschlossen) | Tipp In der zweiten Julihälfte findet die Mahler gewidmete Musikwoche im Saal des Grand Hotels statt (www.kulturzentrum-toblach.eu).

101 Die Lodenwelt

Der kurze Weg der Wolle

Schon im 11. Jahrhundert kannten die Tiroler Bauern die Vorzüge dieses Wollstoffs, den sie verfilzen ließen, um ihn wasserabweisend und robust zu machen. Dazu wird die graue Wolle des Tiroler Schafs gewalkt, was bei jedem erwachsenen Tier etwa fünf Meter Wollstoff ergibt. Der Adel hat den Wert dieses Kleidungsstücks erst sehr viel später für sich entdeckt. In Gemälden des 19. Jahrhunderts ließen sich die ersten lodengewandeten Edelmänner auf ihren Jagdpartien abbilden. Als sich dann Kaiser Franz Joseph ein weißes Exemplar bestellte, kamen die Loden so richtig in Mode. Die waldgrüne Variante, die heute am gängigsten ist, ist die letzte Stufe der Entwicklung.

Wenn man von Mode spricht, dann ist das Pustertal ein sehr ergiebiges Territorium. Angefangen mit Bruneck, wo die hier ansässige Wollspinnerei Moessmer seit 1894 Hoflieferant der Habsburger war und noch heute ein bedeutender Betrieb ist. Noch einen Schritt weiter ist die Familie Oberrauch gegangen, die unter den Bogengängen in Bozen seit 1846 Stoffe verkauft und im Jahr 2000 beschloss, dem Loden einen besonderen Stellenwert zu geben.

So eröffnete in Vintl eine Fabrik, durch deren große Glaswände man bei der Verarbeitung zuschauen kann. Im Geschäft nebenan kann man die Produkte dann direkt erstehen. Eine Tür weiter öffnet sich zudem die Lodenwelt, ein Erlebnisrundgang zur Entstehung dieses Stoffes, der mit echtem trommelndem Regen in einem Birkenwald beginnt. Die Szenerie wird von großen Bildern und steinernen Pfaden bestimmt, die den Lebensraum der Hirten und ihrer Herde nachbilden. Man kann der Versuchung kaum widerstehen, den wunderbar weichen Rohstoff zu berühren. Die Besucher verfolgen die Entstehung der Wolle und begegnen dabei alten Spannrahmen, Holzpressen, Gattern und Wollkämmen und erfahren dabei auch viele kuriose Dinge, zum Beispiel dass Kinderurin der Herstellung blauer Farbe diente. Denken Sie dran, falls Sie einmal blauen Loden kaufen!

Adresse Lodenwelt Vintl, Pustertaler Straße 1, 39030 Vintl (BZ), Tel. +39/0472/868540, www.oberrauch-zitt.com | Anfahrt Vandoies–Vintl, Regionalzug Bozen–Lienz (www.trenitalia.it); Bus 401 Bruneck–Brixen | Öffnungszeiten Mo–Sa 9–17.30 Uhr, Aug.–Okt. auch So 10–16.30 Uhr | Tipp Neben der Lodenwelt kann man in der Käserei Capriz hochwertige Südtiroler Käsespezialitäten kaufen. Auch ein Käsemuseum wurde dort eingerichtet (täglich 9–19 Uhr, www.capriz.it).

102_Die Bärenhöhle

Wehrhafte Pflanzenfresser

Das Skelett des *Ursus ladinicus* lässt keine Zweifel daran, wie groß und schwer er gewesen sein muss: 1.200 Kilogramm für ein ausgewachsenes Männchen. Es ist das besterhaltene Exemplar eines Urbären aus den Alpen, wie er hier vor 50.000 Jahren lebte. Der Fund selbst ist außergewöhnlich, wurde in dieser Gegend doch buchstäblich jeder Stein von Jägern, Bergsteigern und Mineraliensuchern umgedreht.

Der Fundort der Knochen, eine über den Wanderweg zur Cunturines-Spitze erreichbare Höhle, wurde wohl durch einen kleinen Gletscher vor der Plünderung bewahrt. Irgendwann wurde im Zuge der Klimaerwärmung der Eingang freigelegt, den ein Hotelwirt in Corvara 1987 entdeckt hatte. Im Inneren der Höhle tat sich vor ihm der sogenannte »Schädelsaal« mit einer Vielzahl an Knochen auf. Glücklicherweise weilte an jenem Tag der Wiener Paläontologe Gernot Rabeder im Gadertal. Der Rest ist Geschichte und kann im Museum des *Ursus ladinicus* von St. Kassian besichtigt werden.

Aber er war nicht der einzige in dieser Gegend aktive Urbär: Der *Ursus ingressus* war noch größer und kräftiger, wie man am Vergleich der Schädel erkennt, aber weniger wendig. Agiler waren wahrscheinlich die Urlöwen – auch ihre Überreste wurden in der Conturines-Höhle in 2.800 Meter Höhe gefunden. Womöglich in der Annahme, der Hausherr sei Vegetarier, hatten sie sich Zutritt verschafft, um sich am Nachwuchs des Bären gütlich zu tun. Mama Bär war allerdings wehrhaft, was die Knochen eines jungen Löwen in der Grotte nahelegen. Hier müssen Titanenkämpfe zwischen wilden Tieren stattgefunden haben, wie wir sie von den Höhlenmalereien aus dem Paläolithikum kennen.

Derzeit zählt man 80 erwachsene Exemplare von *Ursus ladinicus* und zahlreiche Junge, darunter auch Neugeborene. Ihre DNA weist sie als direkte Vorfahren der heutigen Braunbären aus, von denen einer auf der Autobahn überfahren wurde und im unteren Saal des Museums gezeigt wird.

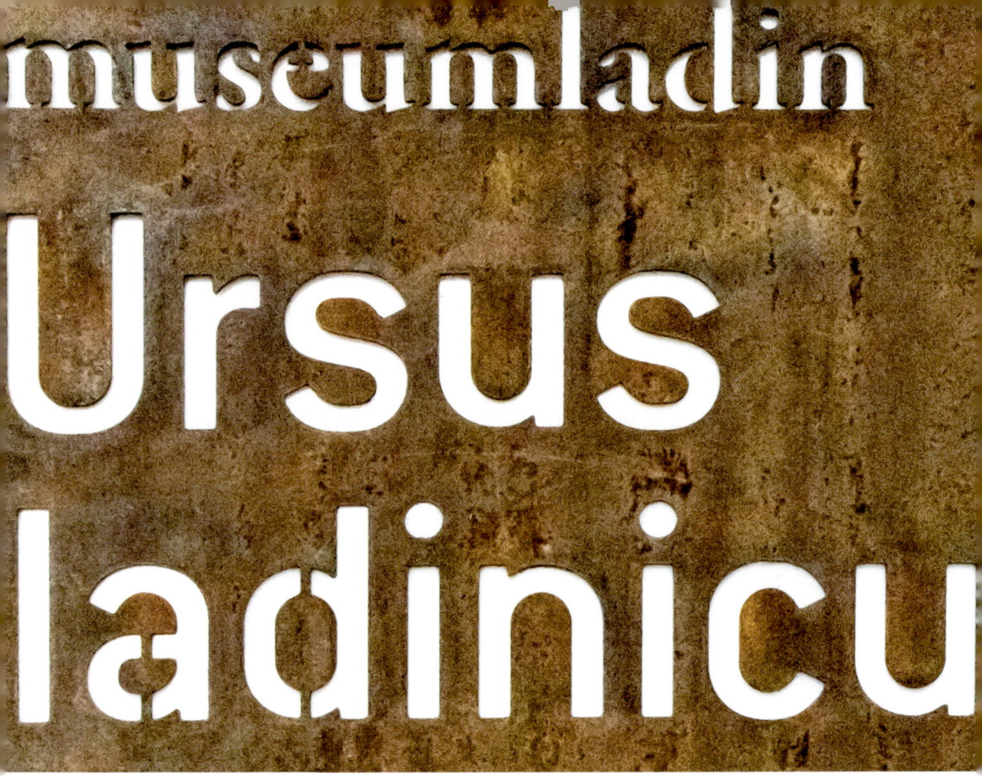

Adresse Micurà de Rü-Straße 26, 39030 St. Kassian, Tel. +39/0474/524020 | **Anfahrt** Bus 460 Bruneck–Gadertal (www.sii.bz.it) | **Öffnungszeiten** Infos unter www.museumladin.com | **Tipp** Im Sommer werden Führungen zur Conturines-Höhle angeboten. Reservierungen sind bei den Tourismusbüros des Gadertals vorzunehmen (Tel. +39/0471/849422, www.altabadia.org).

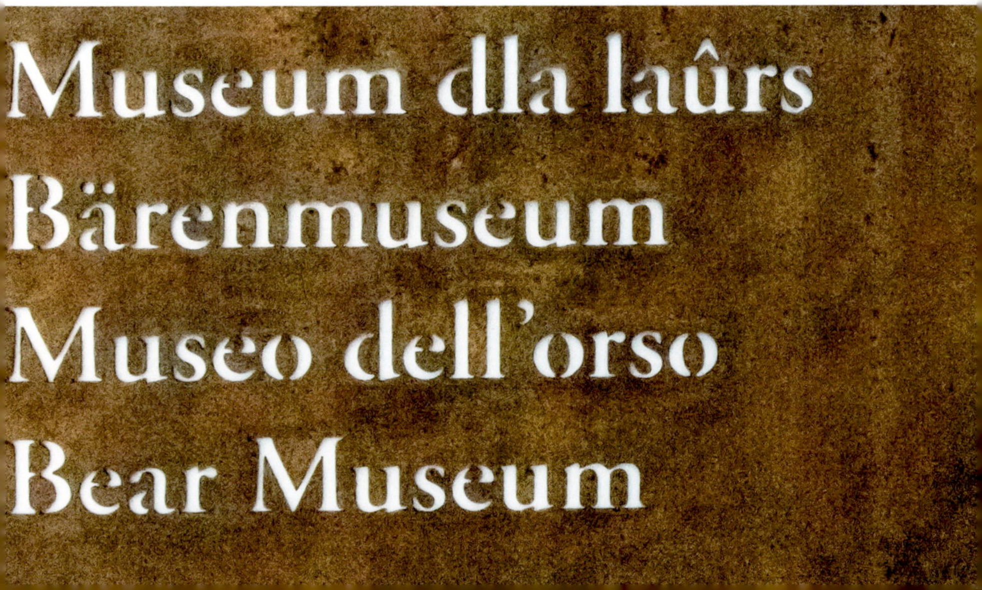

103__Paula und Hans

Ein Leben in Seilschaft

Steigt man von Kastelruth auf die Seiser Alm, möchte man angesichts all der Ausflügler gleich wieder umkehren. Aber Durchhalten lohnt sich, denn auf dem Weg hat man den faszinierenden (Nicht-) Gipfel der Alm immer im Blick: Teppiche bukolischer Weiden säumen die Hochebene zwischen Schlern und Langkofel, so weit das Auge reicht. Im heutigen Besucherrummel fällt es schwer zu glauben, dass das berühmteste Kletterpaar der Dolomiten, Paula Wiesinger und Hans Steger, einst mutterseelenallein hier war.

Die Bozenerin und der Bayer hatten sich im Alter von 20 Jahren als Seilschaft zusammengeschlossen und nie wieder getrennt. Sie teilten die Leidenschaft für die Berge, die Einsamkeit der Steilwände, die überwältigende Schönheit der Natur. Ende der 1920er Jahre erschlossen sie als Pioniere zahlreiche Wege in der Rosengartengruppe, von den Drei Zinnen bis hin zu den Vajolet-Türmen, bis sich Paula schließlich dem Skisport verschrieb. Sie gewann viele Rennen und holte 1932 den ersten Weltmeistertitel für Italien. Im vom Paar 1949 erworbenen Hotel Steger-Dellai sind ihre Medaillen ausgestellt.

Auch im Fels war Paula ein großes Talent, eine Skulptur von Christian Runggaldier am Eingang zeigt sie beim Klettern. Als Frau musste sie damals in der Seilschaft stets hinter ihrem Mann bleiben. Als die Gruppe bei der Besteigung der südlichen Marmolata von einem schweren Gewitter überrascht wurde, war ihr Moment als Vorsteigerin gekommen. Sie erzählte später: »Auch Berglegenden wie der große Tita Piaz folgten dem Aufruf zu unserer Rettung. Der Fels war vereist, meine Freunde konnten nicht mehr weiterklettern (einer war verletzt), sodass ich den Vorstieg übernahm. Damals habe ich wirklich dem Tod ins Auge gesehen. Aber ich wollte nie lesen, ich hätte mich für mutiger als die Männer gehalten.« Was für ein Understatement! Im damals kleinen und heute großen Hotel lebten Hans und Paula bis zum Ende ihrer Tage.

Adresse Hotel Steger-Dellai, Saltriastraße 6, 39040 Seiser Alm (BZ), Tel. +39/0471/727964, www.hotelsteger-dellai.com | Anfahrt Bus 170, 171 von Bozen (www.sii.bz.it), dann Seilbahn; Straße Seiser Alm–Kompatsch 10–17 Uhr verkehrsberuhigt | Tipp Der Weg »Hans & Paula Steger« ist ein angenehmer Spaziergang von Kompatsch nach Seis.

104__Der Hexen-Aussichtspunkt

Steine und Kreuze

Es erscheint unerklärlich, weshalb eine so bukolische Landschaft wie die Seiser Alm so reich an Hexengeschichten ist. Steine, Quellen und Sitzbänke in den malerischsten Winkeln der Hochebene erzählen unheimliche Begebenheiten von Hexensabbaten in mondhellen Nächten, wo heute Kühe auf idyllischen Wiesen grasen. Zwischen 1506 und 1510 wurden in den Mauern des Schlosses Prösels zu Füßen des Schlern neun Todesstrafen ausgesprochen, eine unsinnige Härte gegenüber emanzipierten und rebellischen Frauen. Häufig war die Verfolgung durch Neid und Rache motiviert oder schlicht der Notwendigkeit geschuldet, Sündenböcke für Dürren, Krankheiten und andere Unbill zu finden. Papst Innozenz VIII. erließ 1464 eine Bulle, die die Hexenjagd einleitete. Zwei Jahre später verfassten zwei beflissene Dominikanermönche den »Malleus maleficarum«, den Hexenhammer, ein Handbuch, das die Inquisition für ihre Prozesse verwendete. Sie verschonten auch Tirols Täler, die unter der Gerichtsbarkeit des Fürstbischofs von Brixen standen, nicht. Seitdem erzählt man sich, dass die Seelen der armen »Hexen« keine Ruhe finden und dazu verdammt sind, durch die Wälder zu streifen, was am schlechten Gewissen der Mitbürger oder auch am Vorkommen von schwefelhaltigem Wasser um Seis liegen kann, das mit seiner Wärme und dem starken Geruch zur Legendenbildung beigetragen hat.

Aber die Alm, wie sie in St. Ulrich heißt, war zu beliebt, um auf ewig Eigentum des Teufels zu bleiben, sodass mit Aufkommen des Tourismus eine Marketing-Operation um die Figur der guten Hexe »Curandina« gestartet wurde, die die Kinder bei der Entdeckung des Seiser Walds begleitet. Für ihre Sabbate billigte der Volksmund den Hexen nur den schönsten Aussichtspunkt zu, wie die »Sitzbänke« aus Stein am nördlichen Ausläufer des Puflatsch, denen eine echte Sitzbank sowie ein Kruzifix an die Seite gestellt wurden, zeigen.

Adresse Schlernstraße 39, 39040 Seis (BZ) | **Anfahrt** Bus 170, 171 von Bozen (www.sii.bz.it) sowie Seilbahn Seiser Alm und Schlern, vom Bahnhof zur bergwärts gelegenen Seilbahnstation Puflatsch dem Weg Nummer 14 folgen, dann Nummer 24 als Rundweg um den Puflatsch (2 Stunden, auch für Kinder geeignet) | **Tipp** Der Weg zu den Quellen im Hexenwald beginnt beim Hotel Tirler in der Saltriastraße 59.

105 Die Maskenschnitzer

In Fornesighe begegnet man vielen Gesichtern

Die Fraktion Fornesighe schmiegt sich mit ihren windschiefen Heuschobern an die Wiesen des Tals, das hier steil abfällt und hinter dem sich so markante Gipfel wie der Spiz di Mezzodì abzeichnen.

Der Ort ist abgelegen, und seine Gassen sind sehr eng. Um ihn aufzusuchen, muss man sein Auto in einer Kurve der Straße abstellen, die nach Forcella Cibiana führt. Die Häuser und die traditionellen Holzscheunen, die *tabià*, wirken mit ihren pittoresken Formen wie eine riesige Weihnachtskrippe. Einige Gebäude wurden restauriert, wie das »Dormì & Disnà« (Bed & Breakfast auf Ladinisch). Hier haben Anna und Renato die Räumlichkeiten neu gestaltet, die ursprüngliche Einrichtung aber belassen, einschließlich der noch nummerierten, vor langer Zeit gezimmerten Tische aus Lärchenholz. Man sagt, dass Fornesighe im Gegensatz zu den anderen Ortschaften im Val di Zoldo die einzige ist, die noch nie von einem Brand zerstört wurde.

Der Name des Dorfes entstammt den Gießöfen, die sich früher im Erdgeschoss der Häuser befanden. Die Bewohner waren fast alle Schmiede, auch wenn davon kaum noch Spuren übrig sind. An den Fassaden dominiert heute Holz, und der Lieblingszeitvertreib der Bewohner ist das Schnitzen von Masken aus Zirbelholz. Seit dem späten 19. Jahrhundert ist dies zu einer Tradition geworden. Insbesondere im alten Teil des Dorfes, in den Innenhöfen, auf Balkonen und unter den das Brennholz schützenden Vordächern erblickt man vielgestaltige Skulpturen und Masken sowie reich verzierte Säulen.

Hölzerne Antlitze von Phantasiefiguren stehen da, mit dichten Augenbrauen und großen Nasen, von denen der Figur der *gnaga* eine besondere Rolle zukommt. Sie ist eine alte Frau mit Holzpantoffeln, krumm geworden durch die Kiepe auf dem Rücken, in der sie einen fröhlichen Jüngling transportiert. Eine doppeldeutige Allegorie über das Verrinnen der Zeit – und die häufigste Verkleidung im hiesigen Karneval.

Adresse Fornesighe, 32012 Forno di Zoldo (BL) | Anfahrt Bus 25 von Belluno (www.dolomitibus.it) | Tipp Die Fassade der ehemaligen Molkerei gegenüber der Kirche San Vito ist vollständig mit Fresken geschmückt. Innen befindet sich ein kleines ethnografisches Museum, das die Karnevalsmasken und das Können der hiesigen Intarsienschnitzer zeigt.

106 Die Angelini-Hütte

Der Professor auf den Spuren der »viaz«

Seine Familie stammte aus dem Dorf Zoldo, das keinen echten Kern besitzt, sondern aus verschiedenen Weilern besteht. Sein Großvater war der Bildhauer Valentino Panciera Basarel, seine Mutter hatte an der Kunstakademie in Venedig studiert. Giovanni Angelini (1905–1990) selbst war Universitätsprofessor und Arzt. Wie so viele Kinder des Alpenraums empfand er zeit seines Lebens Heimweh nach den Bergen seiner Jugend. Als er sich schließlich 1958 ins Krankenhaus von Belluno versetzen ließ, das heute seine Stiftung beherbergt, begann seine wahre Mission. Von hier aus konnte er sich der Erforschung der alpinen Kultur in den abgelegenen Tälern des Cadore widmen, die die Wissenschaft bisher vernachlässigt hatte.

Er war auf unzähligen Routen zwischen Pelmo und der Civettagruppe unterwegs, erklomm namenlose Gipfel und hinterließ für jede Tour detaillierte, durch Zeichnungen ergänzte Beschreibungen. Ihn trieb dabei nicht etwa der Ehrgeiz, sondern sein unstillbarer Wissensdurst. Die Hirten von Zoldo, wo er als Kind die Sommer im Haus von Astragàl verbrachte, hatten ihm das Klettern beigebracht. Seine Begeisterung für die Anthropologie der Bergwelt steckten andere junge Leute an, die wie er auf weglosen Routen und steilen Geröllhalden den Spuren menschlicher Zivilisationen auf den Grund gingen. So rekonstruierten er und seine Mitstreiter die alten *viaz* (Wege), die einstmals von Holzfällern, Mineraliensuchern und Gämsenjägern begangen worden waren, sowie Felsvorsprünge, Lagerplätze und fast unzugängliche Almen. All dies ist in seine Bücher eingegangen, die von einer vergessenen und anrührenden Kultur erzählen.

Die Spiz di Mezzodì waren seine Hausberge, hier trägt eine Hütte seinen Namen. Kommt man vom Val Prampèr über die Nordrinne (präparierter Klettersteig), begreift man nur sehr vage, wo die vom »Professor« entdeckten *viaz* verliefen und wie steil sie waren, da seine Wegweiser für immer verschwunden sind.

Adresse Rifugio Giovanni Angelini, 32012 Forno di Zoldo (BL), Tel. +39/327/1619247 | **Anfahrt** Bus 25 von Belluno (www.dolomitibus.it), vom Val Prampèr in der Fraktion Castelàz Wanderweg 525 bis Casera di Mezzodì, dann Weg 324 (steiler Waldweg, knapp 2 Stunden), Straße bis zum Verbotsschild weiterlaufen, an der Brücke Start des Wegs 534 (präparierter Klettersteig, 1,5 Stunden) | **Öffnungszeiten** Juni–Sept. | **Tipp** Die Fondazione Giovanni Angelini in Belluno ist ein sehr aktives Zentrum der Gebirgserforschung mit umfassender Bibliothek (www.angelini-fondazione.it).

107_Das Nagelmuseum

Eine Geschichte ohne Helden

Muss man dem Nagel, diesem winzigen, spitzen und nützlichen Stück Eisen, wirklich ein Museum widmen? Es gibt tatsächlich viele Gründe dafür. Etwa, dass man hier endlich einem weitverbreiteten Gegenstand, der seit Jahrhunderten zum Alltag der einfachen Leute gehört, Wert beimisst.

Früher war die Gewinnung von Eisen eines der lukrativsten Gewerbe überhaupt, bildete es doch die Grundlage für Waffen und Munition. Mit Eisenminen auf dem eigenen Territorium konnten Herrscher ein Waffenarsenal anlegen, das ihr Heer im Krieg überlegen sein ließ. In diesem Sinne war das Metall wertvoller als Gold und wurde in rauen Mengen benötigt. Über die berühmte »Strada de la Vena«, auch als »Via del Ferro« (Eisenstraße) bekannt, gelangte der begehrte Rohstoff an die Höfe der Tiroler Fürsten der Dolomiten. In den Bergwerken des Fursil am Colle Santa Lucia förderte man manganhaltigen Eisenspat, eine sehr gefragte Sorte, die nach der Schmelze besonders flexibel und gleichzeitig belastbar ist und einen sehr niedrigen Oxidationsgrad aufweist. Schwerter aus diesem Metall wurden in spanischen und englischen Adelshäusern gefunden. Da das Agordino-Gebiet in der Nähe dieser Minen lag, war es sehr attraktiv für die Republik Venedig, die nichts unversucht ließ, um in seinen Besitz zu gelangen.

Während man dort um Schürfrechte stritt, blieb es in Forno di Zoldo ruhig. Dieses Tal bewahrt in den orografischen Ortsnamen die Erinnerung an eine intensiv betriebene Hüttenindustrie: Forno (Hochofen), Fusine, Col de Fer und Pian del Forno. Die Bewohner des Val di Zoldo besaßen darüber hinaus eine eigene Tradition bei der Verarbeitung und Umwandlung des Metalls. Im Museum bietet eine Sammlung von Haushaltsgeräten, Werkzeugen und Schmiedenägeln Einblicke in das Leben dieser alpinen Bergleute, die bereits vor der Industriellen Revolution den Nagel auf den Kopf trafen.

Adresse Museo del Ferro e del Chiodo, Via San Francesco 15, 32012 Forno di Zoldo (BL) | **Anfahrt** Bus 25 von Belluno (www.dolomitibus.it) | **Öffnungszeiten** Juli–Sept. mit variablen Uhrzeiten, Infos unter Tel. +39/0437/78144, Anmeldung von Gruppen per E-Mail an museodelchiodo@clz.bl.it | **Tipp** Die Kirche San Floriano im oberen Teil des Ortes ist die älteste im Tal. Innen sind bedeutende Kunstwerke wie der »Altar der Seelen« des Belluneser Bildhauers Andrea Brustolon aus dem 17. Jahrhundert zu sehen.

108 Die Spuren der Dinos

Im Schlamm des Pemetto

Im Sommer ist der Rundweg 472 um den Pelmetto stark frequentiert. Der Weg ist angenehm zu gehen, nur nicht bei oder nach Regen, wenn sich die Gegend in eine Rutschbahn verwandelt. Nicht ohne Grund sind an vielen Orten Holzbrücken und Stege angebracht. Hat man die zum Waldrand führende Wiese durchquert, glaubt man, sich mitten im prähistorischen Schlamm zu befinden, der vor 225 Millionen Jahren die Abdrücke von Dinosauriern eingefangen hat.

Diese »Spuren aus dem Trias« hatten sich im Dolomitgestein, das von der Südwand des Pelmetto abgerutscht ist, verfestigt. Entdeckt hat sie der aus dem Cadore stammende Naturforscher Vittorino Cazzetta auf einer seiner vielen Touren. Zu seinen bedeutenden Funden gehört das Grab von Valmo (siehe Ort 36). Eine große Leistung, denn damals war es gar nicht so einfach, die Abfolge der aufeinanderfolgenden Löcher als Spuren eines fleischfressenden Theropoden aus dem Trias zu deuten. Der große Felsblock am Pelmetto ist tatsächlich das erste Fundstück dieser Art in den Dolomiten und eines der ersten in Italien überhaupt. Auch wenn er sich auf einer steilen Rinne am Sockel der Felswand befindet, lassen sich die waagerechten Schichten und die Ablagerungen, die die Landschaft charakterisierten, bevor sie ein Gebirge wurde, klar erkennen.

In jener Epoche, die die Paläontologen das »Zeitalter der Reptilien« nennen, war diese tropische Ebene am Meeresufer von Furcht einflößenden (*deinos*) Echsen (*sauros*) bevölkert, wovon im 19. Jahrhundert der Name »Dinosaurier« abgeleitet wurde. Während man sich den in Serpentinen verlaufenden Weg hinaufmüht, der die Geröllhalde bis zum Findling säumt, kann man sich die zeitlichen Dimensionen, um die es hier geht, nur schwer vorstellen. Auch andere, kleinere Felsen zeigen fossile Abdrücke von Fleischfressern verschiedener Größe, aber auch Spuren vierbeiniger Pflanzenfresser. Am Ufer des Meeres scheint damals einiges los gewesen zu sein.

Adresse Passo Staulanza, 32012 Val di Zoldo (BL) | **Anfahrt** Bus 10 Venedig–Longarone–Zoldo–Caprile; Skibus im Winter (www.dolomitibus.it); vom Staulanza-Joch dem Weg 472 etwa 45 Minuten folgen, an einer ausgeschilderten Gabelung zu den Dinosaurierspuren (weitere 30 Minuten) | **Tipp** Ein anderer bedeutender Felsbrocken mit fossilen Spuren liegt an den Drei Zinnen, 150 Meter vor dem Kirchlein Madonna della Croda. Der hohe, zwei Meter breite Block weist zwei kaum sichtbare Vertiefungen an der dem Weg zugewandten Seite auf.

109__Die Leopardenjagd

Der Ranuihof im Villnößtal

Das obere Villnößtal ist ein makellos konservierter Flecken Erde, ein Teppich sattgrüner Weiden und Wälder, die sich bis an die Ausläufer der Geislergruppe erstrecken. Von der Nordseite betrachtet, bieten die Türme aus Dolomitgestein ein unglaubliches Panorama. Auch den Erbauern des Jagdhauses Ranuihof im 18. Jahrhundert muss dies besonders reizvoll erschienen sein. Sie erweiterten einen älteren Vorgängerbau und errichteten zudem eine Kapelle. In den benachbarten Wäldern hallten das Röhren der Hirsche, der Gesang der Auerhähne, das Brummen der Bären und die Geräusche vieler anderer Tiere wider, die den Zyklus der 14 Fresken in der Beletage des alten Berghofs bevölkern. Um den Effekt noch zu steigern, fügte der unbekannte Künstler den Naturszenen nichtheimische Großkatzen wie Löwen und Leoparden hinzu, deren Bilder er wohl in den Büchern der Bibliothek gefunden hatte.

Jagdhütten waren einst bei adligen Hobbyjägern beliebt. Diese Mode hatte mit dem Barock Einzug gehalten, da es zuvor diesbezüglich keinen Bedarf gegeben hatte. Denn im Feudalismus hatten die Bauern im Rahmen ihres Frondienstes den hohen Herren und dem Tross aus Dienern, Hunden und Jagdfalken während ihrer Jagdpartien Kost und Logis garantiert. Das erste Edikt, das dieses Privileg festschrieb, stammt von Karl dem Großen.

Das eigene Jagdhaus bot seinem Erbauer, dem reichen Handelsmann Michael Jenner, Gelegenheit zu ebenso ausgedehnten wie angenehmen Aufenthalten inmitten der wilden Natur der Berge. Seinen Hof, der heute als Ferienanlage genutzt wird, hat er offenbar sehr geliebt, vor allem die schön verzierte Stube, die heute der Frühstücksraum ist. Nur ein Teil des Gebäudes steht den Gästen zur Verfügung, der Rest dient noch als Kuhstall und als Privatwohnung der Familie Runggatscher, die das Anwesen seit zehn Generationen führt. Schürzen und Wollsocken prägen das Bild, hier wird nur Deutsch gesprochen. Willkommen in Südtirol!

Adresse San Giovanni 2, Villnöß, 39040 St. Magdalena (BZ), Tel. +39/0472/840506, www.ranuihof.com | **Anfahrt** Bus 340 von Brixen und Klausen (www.sii.bz.it) | **Tipp** Um die benachbarte, 1744 ebenfalls von Michael Jenner angelegte Ranui-Kapelle zu besichtigen, kann der Schlüssel im Berghof Ranui ausgeliehen werden.

110 Der Mann der Tabià

Renato Mosenas Leidenschaft

Noch heute bedauert Renato Mosena, damals keinen *tabià* erworben zu haben, als diese Heuschober in dem Weiler Coi des Oberen Zoldotals verlassen waren oder für wenige Lire verkauft wurden. Sieht man sie in restauriertem Zustand, kann man sein Bedauern durchaus verstehen. Diese sonnenverwöhnte Alm auf 1.500 Meter Höhe zu Füßen des Pelmo, weitab der touristischen Routen und wunderbar erhalten, ist ein Paradies.

Die Siedlung ist in Steinhäuser und Bauernkaten aus Holz aufgeteilt. Letztere bestechen durch ihre Turmform, die sich von den Bauernhöfen Tirols unterscheidet. Fast das gesamte Dorf wurde nach einem Brand im Jahr 1913 in der traditionellen Blockbau-Technik wiederaufgebaut. Diese Bauweise mit sich kreuzenden Balken, »Riegel« genannt, wird oft von anmutigen Details verschönert, etwa einem Fenster, das die Silhouette einer Kuh nachahmt und der Belüftung des Dachbodens diente, wo Heu und Mais zum Trocknen gelagert wurden. Die Jahre des Wirtschaftswunders nach dem Zweiten Weltkrieg haben hier zum Glück nicht viele Schäden angerichtet, auch wenn die übrig gebliebenen Bauernfamilien, noch etwa 60 an der Zahl, die Scheunen eher aus Nostalgie als aus Notwendigkeit weitergenutzt haben.

Denn die hiesige Milch- und Weidewirtschaft ist vom Aussterben bedroht. Das weiß auch Renato. Er ist kein Superheld, aber er hat mehr Weitblick bewiesen als andere. Seine Bildung verdankt er einem ganz besonderen Mentor und Freund: Giovanni Angelini (siehe Ort 106), Arzt, Schriftsteller, Erforscher der Gipfel rund um Agordo. Mit ihm hat er als junger Mann das Gebirge auf den Spuren einer vergessenen Kultur durchwandert. Die Lektionen Angelinis hat er als Leiter eines Bauunternehmens zur Restaurierung der *tabià* in Fornesighe und Coi umgesetzt. Heute ist er stolz auf den für seine Heimat geleisteten Beitrag. Das Schwerste, erzählt er, sei es gewesen, die Eigentümer davon zu überzeugen, dass sich die Mühe lohnt.

Adresse Coi, 32010 Zoldo Alto (BL) | Anfahrt Bus 25 von Belluno (www.dolomitibus.it) | Tipp Im Ort Fornesighe oberhalb von Forni di Zoldo leitet Renato Mosena das von ihm selbst restaurierte Bed and Breakfast »Dormì & Disnà«. Das Haus aus dem 17. Jahrhundert mit originaler Inneneinrichtung liegt in einem malerischen Winkel des Gebirges (Tel. +39/340/1043882, www.dormiedisna.it).

111__Die Gelateria Al Soler

Das Eis von Giovanni

Pizza, Pasta und Speiseeis verbindet wohl jeder mit Italien. Aber dass dem Zoldo-Tal eine wichtige Rolle als Botschafter des *gelato* zukam, ist kaum bekannt. Leider ist diese leckere Tradition heute fast vollkommen aus der Gegend verschwunden. Zum Glück hat sich in Pecol ein kleines Reservat erhalten. Hier liegt die Gelateria Al Soler, die von außen wie ein gewöhnliches Dorfcafé wirkt, aber allen im Tal bekannt ist.

Es handelt sich hierbei um das Eiscafé von Giovanni Carlo Piva, der diesen Berufsweg mit 16 Jahren eingeschlagen hat, wie vor ihm sein Großvater. Eine Fotografie an der Wand zeigt den *nonno* mit seinem Handwagen voller Leckereien, die er auf den Straßen Wiens verkaufte. Das war zu Anfang des letzten Jahrhunderts, als das Eis aus dem Zoldo-Tal mit der traditionellen österreichischen Sachertorte wetteiferte.

Vallì, nach Violetta aus der »Traviata« benannt, ist Giovannis Frau. Sie versteht es auch, eine Sachertorte zu backen, ist ebenfalls seit dem zarten Alter von 15 Jahren im Geschäft. Im Winter kellnerte sie in Cortina, im Sommer verkaufte sie Eis in Deutschland. Dort haben sich die beiden kennengelernt. Vor genau 30 Jahren sind sie mit ihrem Ersparten nach Zoldo zurückgekehrt, um ihre eigene Konditorei zu eröffnen. Denn Eis zu verkaufen ist eine schöne Sache: Die Besucher sind selten missgelaunt, lockt doch eine leckere Waffel mit den Früchten der Saison, Haselnuss oder Schokolade. Die Haselnüsse beziehen die beiden Unternehmer direkt aus dem Piemont.

Sind die Zutaten frisch und natürlich, so Giovanni, »ist es einfacher, ein gutes Eis zu machen als ein schlechtes«. Aber etwas Tiefstapelei ist auch dabei, wenn man erfährt, dass sogar Interessenten aus China und Japan den weiten Weg auf sich nehmen, um ihm ein paar Geheimnisse zu entlocken. Die Zunft der *gelatieri* des Val di Zoldo wird jedenfalls aller Voraussicht nach mit Sohn Enrico weiterbestehen.

Adresse Via Pecol 62, 32012 Mareson-Pecol (BL), Tel. +39/0437/789114 | **Anfahrt** Bus 25 von Belluno (www.dolomitibus.it) | **Tipp** »La Tana de l'Ors« in Forno di Zoldo ist eine urige Osteria, die baulich und kulinarisch eine Entdeckung ist – sei es auch nur für einen kleinen Happen mit einem Glas Wein (Via Roma 28, www.ristorantetanadelors.it).

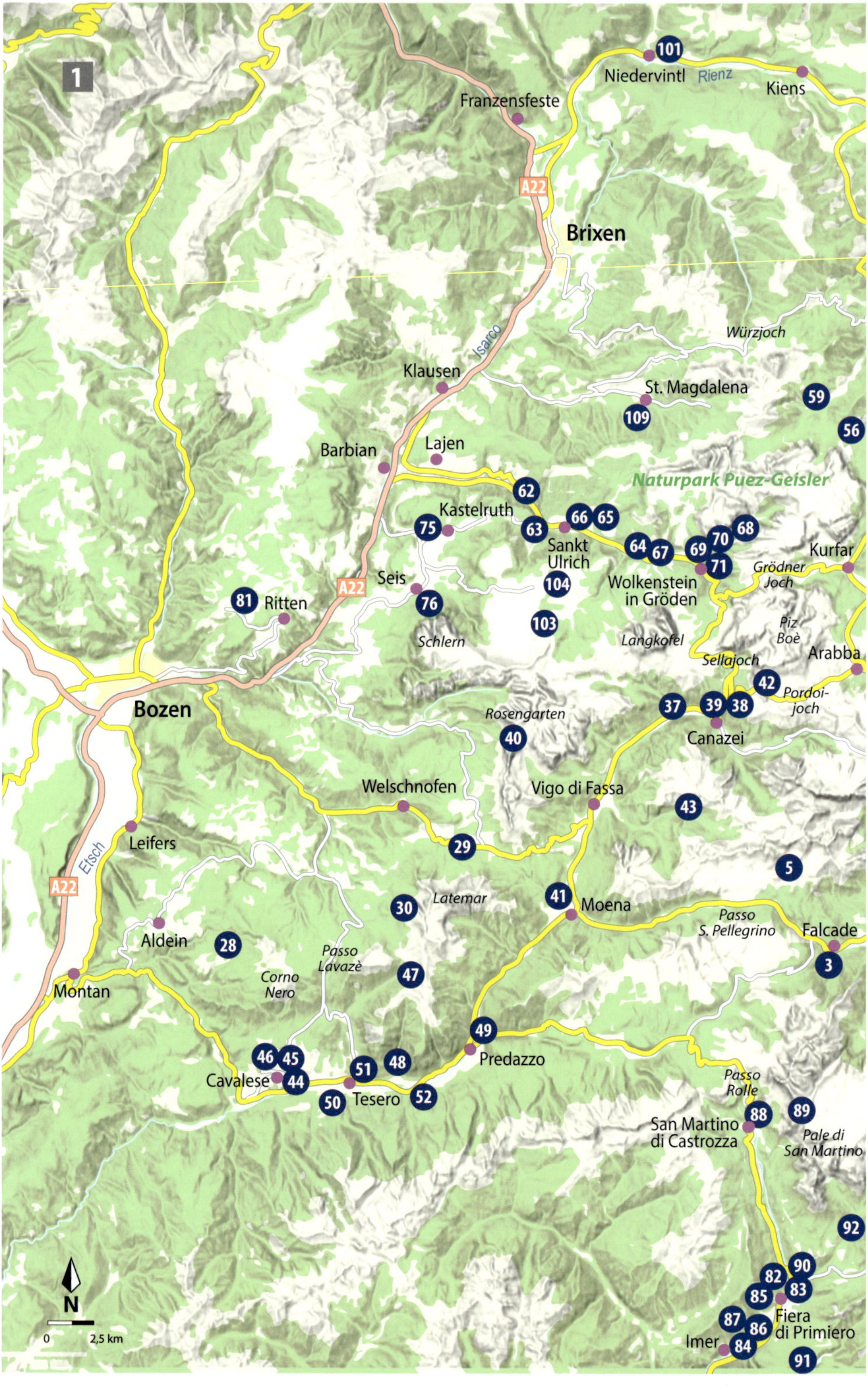
1
Niedervintl
Rienz
Kiens
Franzensfeste
A22
Brixen
Würzjoch
Isarco
Klausen
St. Magdalena
Barbian
Lajen
Naturpark Puez-Geisler
Kastelruth
Sankt Ulrich
Wolkenstein in Gröden
Grödner Joch
Kurfar
Seis
Ritten
Schlern
Langkofel
Piz Boè
Sellajoch
Arabba
Pordoi-joch
Bozen
Rosengarten
Canazei
Welschnofen
Vigo di Fassa
Leifers
Etsch
Latemar
Moena
Passo S. Pellegrino
Falcade
Aldein
Passo Lavazè
Corno Nero
Montan
Predazzo
Cavalese
Tesero
Passo Rolle
San Martino di Castrozza
Pale di San Martino
Fiera di Primiero
Imer
N
0
2,5 km

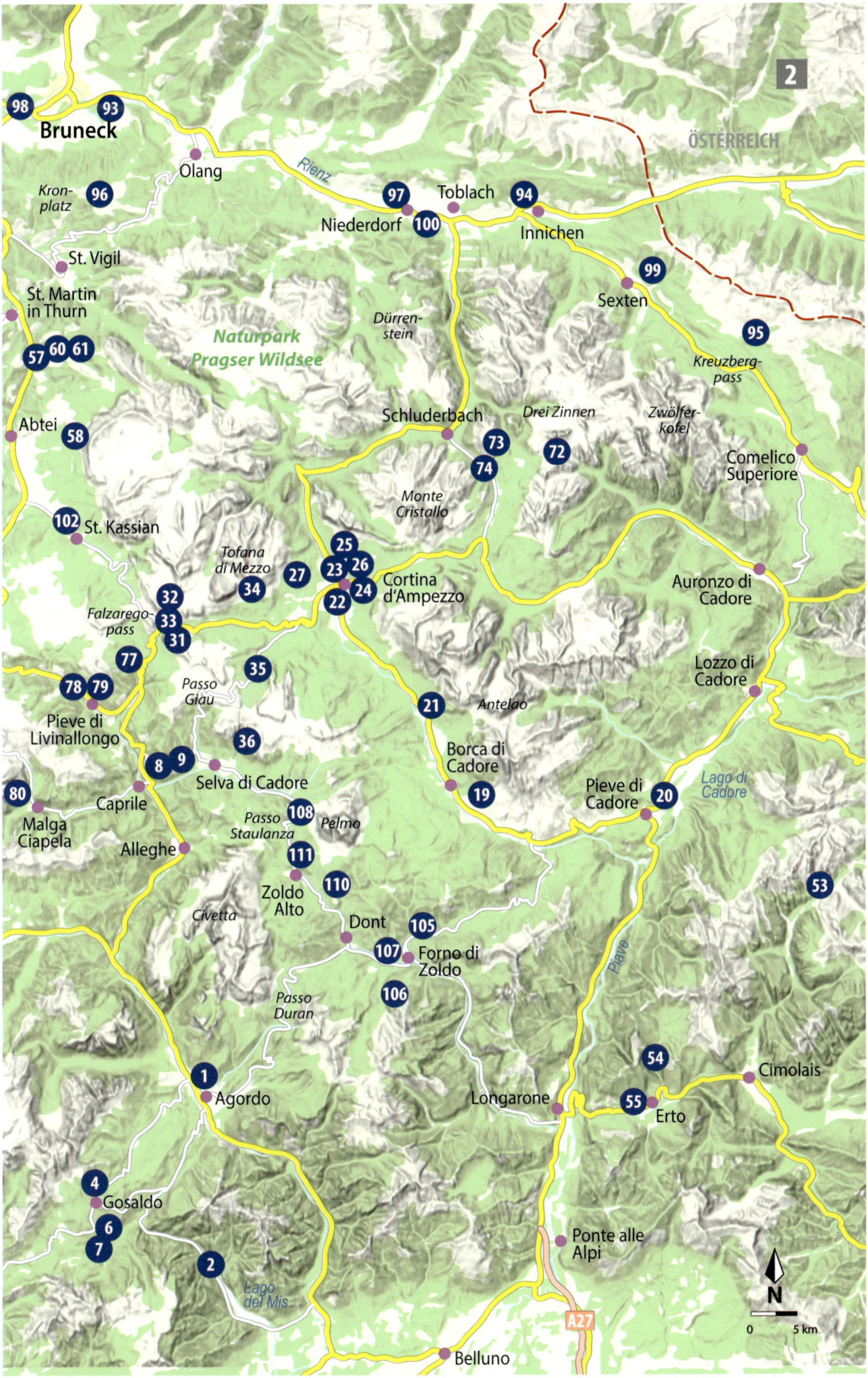
2
ÖSTERREICH
Bruneck
Olang
Rienz
Kron-
platz
Niederdorf
Toblach
Innichen
St. Vigil
St. Martin
in Thurn
Sexten
Naturpark
Pragser Wildsee
Dürren-
stein
Kreuzberg-
pass
Schluderbach
Drei Zinnen
Zwölfer-
kofel
Abtei
Comelico
Superiore
Monte
Cristallo
St. Kassian
Tofana
di Mezzo
Cortina
d'Ampezzo
Auronzo di
Cadore
Falzarego-
pass
Lozzo di
Cadore
Passo
Giau
Antelao
Pieve di
Livinallongo
Borca di
Cadore
Selva di Cadore
Pieve di
Cadore
Lago di
Cadore
Caprile
Malga
Ciapela
Passo
Staulanza
Pelmo
Alleghe
Zoldo
Alto
Civetta
Dont
Forno di
Zoldo
Piave
Passo
Duran
Agordo
Longarone
Erto
Cimolais
Gosaldo
Ponte alle
Alpi
Lago
del Mis
A27
Belluno
N
0
5 km
98 93 96 97 100 94 99 95 57 60 61 58 73 74 72 102 25 23 26 24 22 27 34 32 33 31 77 35 78 79 21 36 8 9 19 20 80 108 111 110 53 105 107 106 54 1 55 4 6 7 2

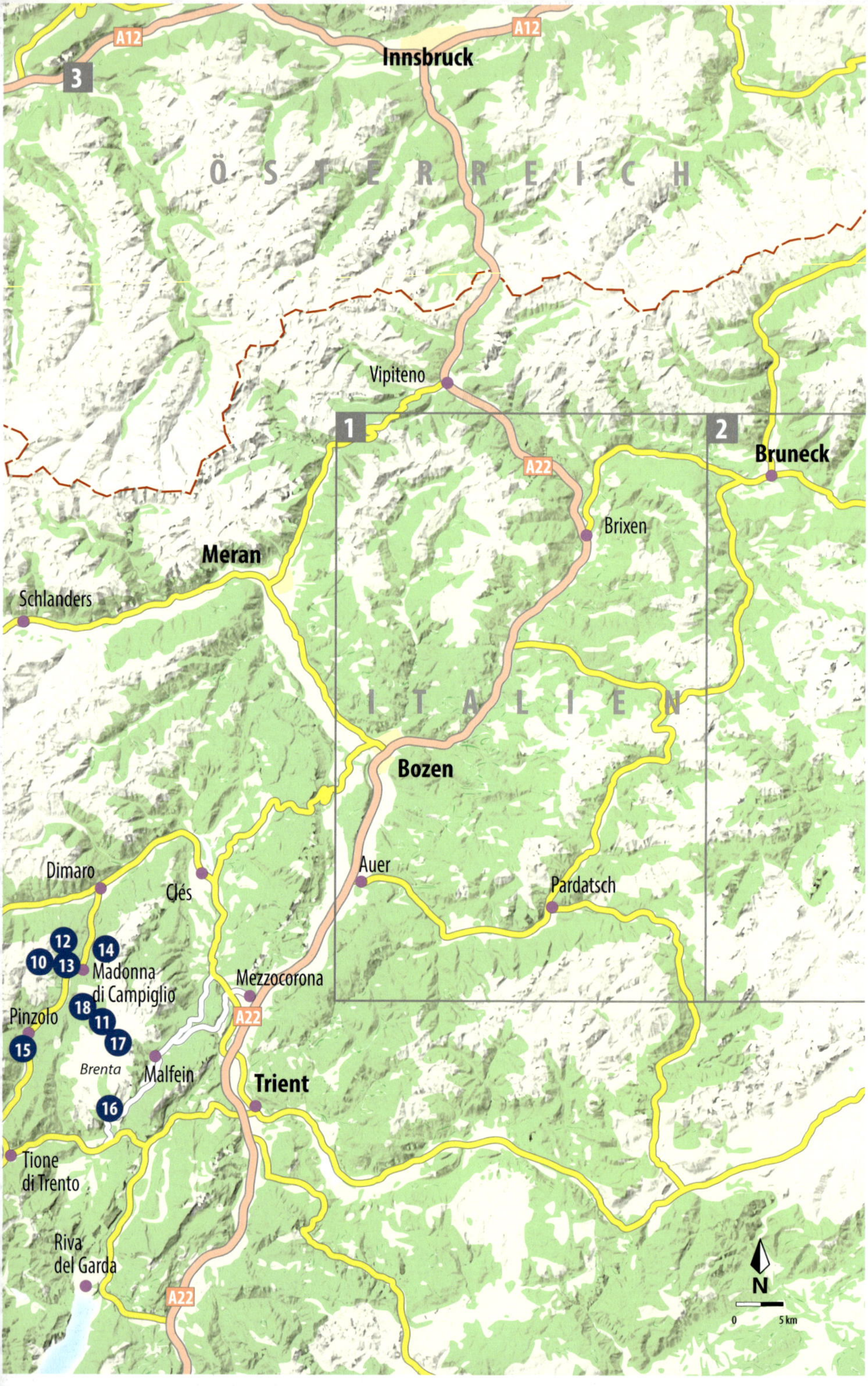

A12
A12
Innsbruck
3
ÖSTERREICH
Vipiteno
1
2
Bruneck
A22
Brixen
Meran
Schlanders
ITALIEN
Bozen
Auer
Pardatsch
Dimaro
Clés
12
14
10
13
Madonna di Campiglio
Mezzocorona
18
A22
Pinzolo
11
17
15
Brenta
Malfein
Trient
16
Tione di Trento
Riva del Garda
A22
N
0
5 km

Peter Eickhoff
111 Südtiroler Gasthäuser, die man kennen muss
ISBN 978-3-7408-0137-3

Jörg Dauscher
111 Orte in Bozen, die man gesehen haben muss
ISBN 978-3-7408-1897-5

Petra Sophia Zimmermann
111 Orte am Gardasee und in Verona, die man gesehen haben muss
ISBN 978-3-95451-344-4

Daria Rizzello
111 Orte in Apulien, die man gesehen haben muss
ISBN 978-3-7408-1860-9

Gisela Hopfmüller, Franz Hlavac
111 Genüsse in Friaul und Julisch Venetien, die man probiert haben muss
ISBN 978-3-7408-2022-0

Eileen Stiller
111 Orte auf Sizilien, die man gesehen haben muss
ISBN 978-3-7408-1424-3

Insa Hohmann, Katharina Hohmann, Fritz von Klinggräff
111 Orte am Lago Maggiore, die man gesehen haben muss
ISBN 978-3-7408-2118-0

Gianni Montieri, Anna Toscano
111 Orte in Venedig, die man gesehen haben muss
ISBN 978-3-7408-1986-6

Federico Meloni, Jana Meloni
111 Orte auf Sardinien, die man gesehen haben muss
ISBN 978-3-7408-1997-2

Ulrich Kohlmann
111 Weinorte in der Toskana, die man gesehen haben muss
ISBN 978-3-7408-1741-1

Beate C. Kirchner
111 Orte in Florenz und im Norden der Toskana, die man gesehen haben muss
ISBN 978-3-7408-1630-8

Annett Klingner
111 Orte in Rom, die man gesehen haben muss
ISBN 978-3-7408-1628-5

Christoph Schrahe, Stefan Herbke, Thomas Biersack
111 Skipisten, die man gefahren sein muss
ISBN 978-3-7408-1600-1

Beate Giacovelli
111 Orte am Comer See, die man gesehen haben muss
ISBN 978-3-7408-1201-0

Max Fleschhut
111 Orte auf Elba, die man gesehen haben muss
ISBN 978-3-7408-0587-6

Franz Hlavac, Gisela Hopfmüller
111 Orte in Friaul und Julisch Venetien, die man gesehen haben muss
ISBN 978-3-7408-0575-3

Natalino Russo
111 Orte in Neapel, die man gesehen haben muss
ISBN 978-3-7408-0478-7

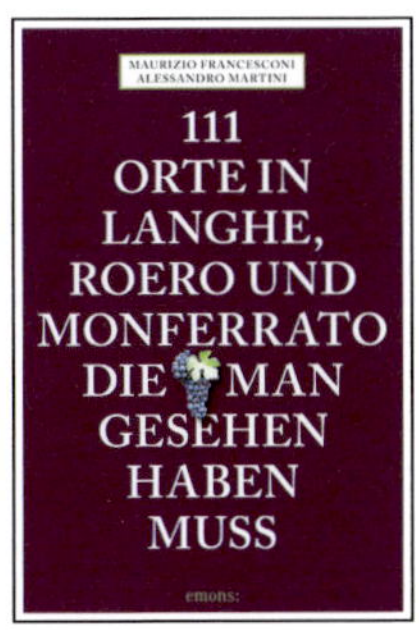

Alessandro Martini, Maurizio Francesconi
111 Orte in Langhe, Roero und Monferrato, die man gesehen haben muss
ISBN 978-3-7408-0474-9

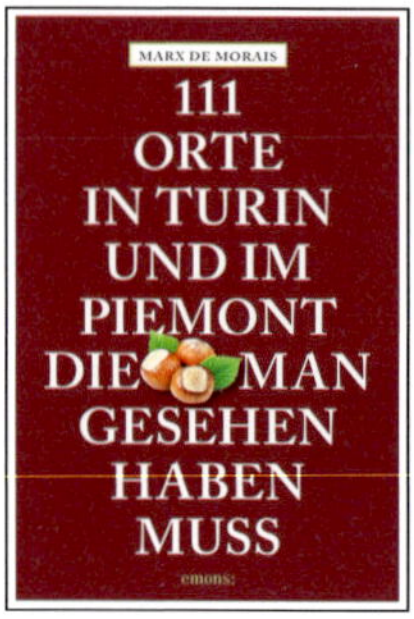

Marx de Morais
111 Orte in Turin und im Piemont, die man gesehen haben muss
ISBN 978-3-95451-736-7

Fabrizio Ardito
111 Orte in Umbrien, die man gesehen haben muss
ISBN 978-3-7408-0238-7

Susanne Gurschler
111 Orte in Tirol, die man gesehen haben muss
ISBN 978-3-7408-2030-5

Robert Preis
111 Orte in der Steiermark, die man gesehen haben muss
ISBN 978-3-7408-2115-9

Sabine M. Gruber
111 Orte in den Wiener Alpen, die man gesehen haben muss
ISBN 978-3-7408-1213-3

Susanne Gurschler
111 Orte in Osttirol, die man gesehen haben muss
ISBN 978-3-7408-0847-1

Lisa Graf-Riemann, Ottmar Neuburger
111 Orte vom Wilden Kaiser bis zum Dachstein, die man gesehen haben muss
ISBN 978-3-7408-0138-0

Lisa Graf-Riemann, Ottmar Neuburger
111 Orte im Berchtesgadener Land, die man gesehen haben muss
ISBN 978-3-7408-1803-6

Astrid Süßmuth
111 Almen und Hütten in Oberbayern, die man gesehen haben muss
ISBN 978-3-7408-1751-0